AIMER
SANS ATTENDRE
EN RETOUR

118, avenue Achille-Peretti – CS 70024
92521 Neuilly-sur-Seine Cedex

www.michel-lafon.com

Maddly Bamy

AIMER
SANS ATTENDRE
EN RETOUR

Michel LAFON

Introduction

Lorsque la parole s'est ouverte en moi, j'étais sous le choc et je me demandais ce que j'avais pu faire pour que cela arrive. Je ne m'y attendais pas du tout. Comment l'aurais-je pu ? Quand on parle de Dieu, on pense immédiatement religion. Je n'étais pas dans la religion, je cherchais seulement le pourquoi de l'existence. La voix qui s'est élevée en moi m'a nommé l'amour-même comme lien entre tous les hommes. On écoute la voix de l'amour-même en soi-même, parce qu'on a pris la voie d'aimer les autres sans attendre en retour. La religion n'a pas de résonnance en cette voix, parce qu'aimer est inscrit en tous les hommes et n'est pas une chose que l'on acquiert, mais que l'on doit accompagner en soi-même. Tout au long des renseignements donnés par l'amour-même en moi-même, un des termes s'est présenté comme *amour-même, amour-même-Dieu,* ou *Dieu-amour-même*, ou *amour-Dieu-même*. Mais nous garderons pour une facilité de lecture « amour-même-Dieu ». En considérant que les uns et les autres ont également cherché à trouver le pourquoi de l'existence et ont abouti à la connexion de l'amour-même en eux-mêmes, mais n'ont pas pu créer de religion dogmatique, parce qu'en l'amour-même-Dieu, il n'y a qu'*aimer* l'humanité en s'accompagnant de l'amour qui n'attend pas en retour, et non pas aimer Dieu.

Tout le monde peut aller à cet amour-même en soi-même, et n'a pas besoin d'autre intermédiaire que cet amour-même qui diffuse en permanence l'idée d'aimer les autres.

L'histoire de l'humanité commence au moment où les ondes humaines alliées à l'amour-même-Dieu ont voulu éprouver cet amour que l'amour-même-Dieu avait pour elles. On a parlé de péché originel, et donc d'une faute commise, alors qu'il y a le choix de s'accorder, dans l'expérience d'existence, à l'amour en soi-même qui aime sans condition, ou ne pas s'accorder. En naissant pour faire l'expérience de l'existence, on choisit de s'émanciper de cet amour-même, pensant pouvoir le retrouver sans difficulté. Mais la naissance met un voile sur le but à retrouver, et les humains s'enlisent dans le refus d'écouter l'amour diffusé en permanence en eux-mêmes.

Les gens ne pensent pas être en mesure d'écouter le Dieu de leur croyance religieuse qu'ils n'ont pas clairement identifié. Mais quelle que soit leur façon de concevoir Dieu, l'amour-même connaît leur ignorance. Ils restent dans l'idée que l'on a un destin particulier ou que l'on est choisi, ou que l'on a à se faire l'âme pure par des privations ou par abstinence d'aimer quelqu'un en particulier, mais jamais qu'ils sont exactement là pour parvenir à aimer les autres par l'amour déposé en eux-mêmes. Cet amour dont ils ont nécessairement besoin pour aimer l'autre et toucher à l'éternité d'aimer. Pourquoi sans attendre en retour ? Parce que cet amour est l'origine, le vivant, l'immensité, l'infini. En aimant ainsi, on reste dans cette conscience d'où l'on vient et où l'on retourne une fois l'alliance retrouvée en soi-même. On n'a pas moyen d'être sauvé des vicissitudes de l'existence autrement qu'en s'accordant à la force d'amour éternel en soi-même. Il n'y a pas moyen d'aller à la réalisation de soi en dehors de cette force d'amour éternel en soi-même. Personne n'est en mesure d'accorder à l'autre la réalisation de son existence, car le choix d'aimer par cet amour-même-Dieu ou l'ignorer appartient à chacun.

Je ne me suis pas dit que je devais parvenir à écouter la parole divinement donnée en moi. J'ai cheminé dans ce qu'était la mort, et je suis parvenue à ce qu'était la vie. Jacques Brel venait de décéder et je l'accompagnais déjà depuis sept années. Son corps n'était pas déjà froid qu'il m'enveloppait de sa chaleur d'homme m'aimant, et j'en étais si bouleversée qu'en moi j'ai pensé remercier la mort d'être aussi porteuse de vie, car je sentais cette présence comme vivante et non comme un souvenir que j'essayais de garder vivant. J'étais dans l'humeur de rire avec lui de ce que nous étions heureux et le chagrin venait m'envahir parce que tout de même je savais que nous ne serions pas unis de la même façon, puisqu'il manquait son corps. C'est en me rendant compte que j'étais perdue dans la douleur de n'avoir plus son corps que j'ai commencé à m'installer dans cette communion des âmes et non plus des corps. Je ne sentirais plus son visage contre le mien, eh bien tant pis, puisque j'avais son souffle de vie. Mais je ne m'attendais pas qu'un jour il parvienne tout de même à me faire sentir l'onde de son corps sur moi et qu'il me fasse comprendre qu'il pouvait me toucher même sans la matière physique visible. Gravant cela en moi, j'ai cherché petit à petit ce qu'il y avait dans la mort pour qu'on puisse sentir à ce point la présence d'une personne décédée vibrer dans son atmosphère terrestre. Malgré tout ce que l'on racontait sur les disparus qui ne pouvaient pas revenir de la mort, je sentais qu'on se trompait. J'étais témoin, et non pas croyant à ceci ou cela. J'avais des expériences personnelles et non pas des rêves. On ne m'avait pas avertie, avant que je ne sois moi-même témoin d'une telle possibilité, que beaucoup riaient de ceux qui disaient communiquer avec les morts. J'étais plus étonnée de leur refus que de ce que cela se révèle exact étant donné mon expérience personnelle.

Je voulais savoir ce qu'il y avait de plus intéressant que le refus des autres d'envisager une vie après le décès. Je suis allée à l'étranger chercher les traces d'une telle conception de la vie des disparus, et j'en ai relevé partout. L'ennui, c'est qu'on s'en contentait sans chercher la finalité d'une survivance après le décès, à part celle de la réincarnation. Pourquoi donc mourir et renaître ? Cela m'intéressait de savoir pourquoi la vie, pourquoi la mort qui restait lieu de vie, et pourquoi renaître de cette autre vie qu'était la mort ? Je me suis éloignée des cercles où l'on ne parlait que de la possibilité de communiquer avec les décédés sans en chercher la cause, et je suis partie seule faire mon enquête, en me servant des intuitions qui m'envahissaient et en écoutant les signes qui m'indiqueraient le chemin à suivre.

C'est ainsi que j'ai procédé depuis le jour où je me suis posé cette question : À quoi cela sert-il de vivre un jour de plus sur terre après avoir goûté au bonheur d'aimer, d'être aimée ? Ce qui me préoccupait, c'était le fin mot de l'histoire des humains.

J'ai fait le constat qu'on vivait mieux en s'aimant qu'en ne s'aimant pas. Il était évident qu'on serait tous mieux sur terre à s'aimer qu'à se faire toutes ces guerres, qu'on ne regrette jamais d'avoir faites parce qu'on se donne raison de ne pas s'aimer. Du plus profond de moi-même, j'ai envisagé cette paix dans cet amour des hommes et des femmes. Sans m'y attendre, j'ai été submergée par l'émotion et ne parvenais pas à me consoler de ce qu'il n'était pas même envisageable qu'ils le décident tous d'un coup. Puis j'ai continué mon chemin en gardant cette valeur en moi.

J'étais persuadée qu'on se trompait en croyant qu'on pouvait demander à Dieu des croyances religieuses susceptibles de changer les choses que les hommes mettaient en place. Un jour je me suis demandé où était Dieu. Était-il en soi, était-il dans le ciel ? Ce que j'appelais Dieu n'était pas l'homme pris pour représentant de Dieu sur terre par les chrétiens, ou le Seigneur Dieu des cieux ou le Père tout-puissant. C'était une chose qui me voyait et m'entendait à tout instant. C'est alors qu'en me basant sur mon idée de présence en moi, j'ai interrogé cette présence, et lorsque j'ai été convaincue au plus profond de moi que ce qui était Dieu était en moi-même, je me suis sentie sûre de moi. C'est à ce moment-là qu'intérieurement j'ai entendu cette phrase : *Ouvre ton cœur à tous*. J'ai vu à la place du cœur l'éclosion d'un bouton de rose. C'était comme tomber amoureuse et sentir cet amour que l'on avait pour l'autre.

Quelque temps plus tard, par écoute intérieure, j'ai été invitée à m'isoler pour un temps. Je ne savais pas que c'était une invitation à écouter la parole d'amour audible en moi-même.

J'étais directement en présence de l'amour-même-Dieu, qui était en moi, qui est en tous, et qui m'ouvrait à l'enseignement d'aimer l'humanité sans rien attendre en retour. J'avais raison de me poser cette question. Qu'avions-nous à réaliser dans notre existence ? Nous ne pouvions pas n'être là que pour prier Dieu, parce qu'en Le priant les gens ne parvenaient tout de même pas à savoir de quoi Il était fait. Et je ne comprenais pas pourquoi, selon les religions, nous avions à L'aimer et même L'adorer, quand nous ne savions pas ce que nous devions prendre comme base pour dire aimer Dieu. J'étais hors la religion et je le demeure, parce qu'elle ne me convenait pas dans son principe d'obligation d'aimer Dieu, ajouté à cette phrase terrible : Dieu reconnaîtra les siens. C'est à partir de cela que j'ai décidé de regarder la vie à travers les liens qu'il y avait entre les humains de la Terre entière, car si on devait se contenter d'être ceux de Dieu, on se retrouverait à discriminer tous ceux qui n'avaient aucune idée de ce Dieu. On soustrairait des humains à l'amour que Dieu a pour tous.

J'ai rêvé de comprendre ce que pouvait être la connaissance des choses, et voilà qu'en l'amour-même-Dieu s'ouvrait à moi la connaissance des choses, de la présence en moi-même de tous, et donc de ceux qui accompagnent l'idée d'aimer l'humanité sans rien attendre en retour. Ce sont des alliés. La lecture de leurs actes en l'amour-même-Dieu donne à connaître leur exacte intention. C'est une écoute, ce qui veut dire que je n'ai pas autorité pour décider qui sera lu, et c'est une aide que l'amour pour les autres ouvre naturellement. En même temps, cette lecture est écoutée par tous les alliés de l'amour-même-Dieu, puisqu'en Dieu-amour-même nous sommes un.

Il n'y a pas de nouvelle révélation, parce que l'idée divine est inscrite en tous et toutes, et que chacun, chacune qui la retrouve entend la parole d'amour-même-Dieu. C'est cela que nous recherchons tous et que nous avons oublié.

Nous souffrons de ne pas nous sentir aimés de Dieu, mais c'est poser son point de vue à l'envers de ce que l'on a à faire, que de vouloir éprouver l'amour que Dieu a pour nous. On ne peut qu'éprouver l'amour que l'on a pour l'autre, on ne peut pas éprouver l'amour que l'autre a pour nous. C'est en aimant les autres par l'amour-même qui n'attend pas en retour que l'on peut ressentir l'amour que Dieu-amour-même a pour nous. Nous ne pouvons donc pas retrouver cet amour sans nous intéresser d'abord aux autres qui constituent l'humanité.

Nous passons parfois par l'amour pour une seule personne pour arriver à l'amour pour toute l'humanité, alors se priver d'aimer au moins une personne sans rien en attendre en retour, c'est se priver d'amour-même-Dieu.

Nous avions une partie de la lecture d'une révélation qui était de s'aimer les uns les autres, mais il nous manquait la raison pour laquelle nous avions à aimer les autres. La raison est que l'on retrouve Dieu-amour-même en nous-mêmes, et qu'on écoute la parole d'amour-même-Dieu en nous-mêmes, et qu'on retrouve les alliés à l'amour-même-Dieu en nous-mêmes. Les alliés sont tous ceux et celles des hommes et des femmes de la Terre qui ont rallié l'idée divine, et qui œuvrent pour aider les autres à se ressouvenir d'avoir à aimer l'humanité.

Témoigner est tout ce qu'en Dieu-amour-même j'entends mener pour aider les autres à se ressouvenir d'aimer. Il n'y a pas de messager de Dieu qui puisse descendre sur terre, car tous ceux qui sont sur terre ont de quoi parvenir à retourner à la maison d'aimer l'humanité. L'humain ouvre en lui-même l'éternité d'aimer les autres en s'alliant à l'amour-même-Dieu. Il ne peut pas se dire devenir Dieu, du fait d'écouter l'amour-même-Dieu en lui-même.

Ceux qui témoignent sont ceux qui ont décidé d'allier l'idée d'aimer les autres en l'amour-même-Dieu, mais ne sont pas les seuls. C'est librement que chacun s'ouvre aux autres dans cette idée d'aider à reconsidérer l'existence, non comme une voie unique, mais comme une suite d'interventions pour parvenir au but commun à toute l'humanité. Il n'y a pas de temps autre que celui d'aimer, et pour cela nous avons besoin d'aide pour y entrer. Pour ma part, je me suis attachée à aimer l'homme de ma vie sans rien en attendre en retour, ce qui m'a conduite à imaginer un amour pour toute l'humanité, ce qui m'a fait entendre le fin mot de l'histoire par la voix d'amour-même-Dieu en moi-même. C'est pour m'aider à aider les autres que ces témoignages sont là. Ce sont des volontaires pour se mettre à nu devant les autres et leur montrer que nous avons tous des difficultés à vivre notre existence. Mais aussi que nous avons tous le moyen de nous libérer de nos chaînes du non-amour des autres, causes de nos vicissitudes sur terre. Aider l'humanité passe par la dissolution des ombres que créent le non-amour des autres. Ceux qui décident d'aimer, comme l'amour-même-Dieu en eux aime, enlèvent leurs ombres de toute l'humanité.

Notre choix de commencer par ceux que nous connaissons davantage est voulu, pour montrer la similitude de comportement des êtres humains quels qu'ils soient. Nous sommes tous consentants pour dépendre du non-amour des autres, du besoin d'être aimés sans forcément aimer les autres. Dans chaque parcours il y a l'exposé d'un métier dans lequel l'homme ou la femme s'est illustré, et des moments de vie ordinaire qui traduisent dans les actes la distance à l'amour-même.

J'aurais bien été en peine d'imaginer qu'en mourant Jacques Brel allait malgré tout faire corps avec moi dans toutes mes recherches, si bien qu'à l'heure où je répondais oui à l'amour-même, il en faisait autant et scellait ainsi notre union en l'amour-même-Dieu. Rien n'était plus incroyable qu'être époux en l'amour-même-Dieu qui nous enseignait l'histoire de l'humanité.

Notre histoire dément le fait d'une séparation entre mort et vivant, et vérifie l'éternité d'aimer sur terre. Mais il est temps pour Jacques de faire sa propre lecture.

Jacques Brel

L'histoire de ma vie était réglée d'avance. Je voulais aimer les autres à tout prix. Je n'y suis pas parvenu et je suis mort assez tôt, tant je me suis essoufflé à tenter cette chose impossible d'aller se jeter dans les bras des gens pour leur dire qu'il faut aimer les autres, et ne pas y arriver soi-même.

Lorsque j'ai rencontré la femme de ma vie, j'avais une notion assez vague de ce qu'elle avait dans le ventre et je me demandais si je serais à la hauteur, parce qu'elle ne semblait pas intéressée par ce que j'avais remarqué d'inconcevable chez les femmes, que j'avais cru repérer des femmes avant de la connaître. Elle se disait libre d'aller et venir parce qu'aucun homme ne lui servait de soutien dans sa vie ; pourtant elle n'avait pas l'air d'en tenir rigueur à la vie d'être seule à vingt-huit ans, et ne semblait même pas se préoccuper d'être accompagnée par quiconque. Elle ne semblait pas regretter de vivre dans l'indifférence des autres, qui ne la trouvaient que jolie sans s'attarder à la connaître mieux. Et comme elle ne parlait jamais d'elle, personne ne pouvait rien en dire d'intéressant. En quelques mois de rencontre, en tout cas, je ne l'ai jamais entendue se plaindre de ce qu'avaient bien pu lui faire les hommes avec qui elle avait passé un certain temps. Elle regardait devant elle, voyait qu'elle aimait l'homme que j'étais et ne cherchait pas à expliquer pourquoi. C'était cela qui m'avait semblé étrange. Je voulais savoir pourquoi elle m'aimait.

Je tentais de cerner pourquoi j'étais si fou amoureux d'elle. J'étais incapable de saisir ce que cela voulait faire de mon existence, qui était déjà foutue du fait que je ne parvenais pas à aimer les autres. Elle, ne voulait pas aimer les autres, elle les regardait vivre et choisissait de rester ou pas. J'étais très intrigué par le fait qu'elle n'allait pas d'emblée vers les gens, mais les accueillait quand ils venaient à elle. J'avais vu aussi qu'elle ne les recherchait pas quand ils étaient partis, mais s'intéressait à eux s'ils revenaient dans sa vie. Ainsi, les gens étaient libres d'aller et venir et elle se tenait à la vie dans l'instant.

Comme elle me gardait dans sa vie, j'ai vérifié qu'elle était simplement là, je me suis inquiété de ce qu'elle faisait de moi dans son esprit. Était-elle amoureuse ou était-elle dans son confort de femme aimée, ou ne ressentait-elle rien de plus qu'une attirance pour un homme qui se plaisait à l'aimer ? Toutes ces questions voguaient dans mon esprit jusqu'au jour où j'ai fait l'erreur de lui demander si elle m'aimait. Je n'ai pas ajouté « vraiment », parce qu'en posant la question déjà je le regrettais. Elle est restée interloquée, et la seconde qu'elle a mis avant de me répondre « oui » m'a semblé interminable, et j'étais aux quatre sangs. Elle s'est approchée de moi et m'a pris dans ses bras, se demandant comment une telle question avait pu me traverser l'esprit. J'ai compris qu'elle était en paix avec moi et ne cherchait rien d'autre qu'une paix avec l'homme qu'elle aimerait toute sa vie. Dans les jours qui ont suivi, je me suis senti plus serein, mais dans le fond j'étais en colère qu'elle puisse demeurer sans moi après ma mort, que je savais n'être pas loin. J'ai conspiré pour qu'elle ne me quitte jamais, même si je n'allais pas le savoir une fois mort. C'est un peu terrible, et même terrifiant d'être jaloux de la vie d'une personne qui vous aime et qui devra forcément vivre sans vous parce que vous allez mourir. Tout le monde va mourir, disait-elle. Toi tu sais quand, eux ne savent pas quand, et je trouve cela bien plus angoissant. J'étais consterné par un tel raisonnement. Je n'avais pas hâte d'être dans la mort parce que je l'aimais, et elle me consolait d'avoir à mourir dans des circonstances qu'elle savait être de mon fait, puisque je tenais tant à m'essouffler pour tenter d'aimer les autres, m'invitant à considérer que savoir les choses était plus intéressant que ne les savoir pas. J'avais des problèmes avec des gens de mon pays, et je me suis arrangé pour qu'elle en ait aussi avec ces personnes-là, pour n'avoir jamais de raison d'être ailleurs que dans ma vie, même perturbée. Les gens de chez moi n'avaient pas envie de la connaître mieux, et seraient donc assez fous pour l'intimider. Elle n'a pas répondu aux invectives et s'est contentée de suivre son chemin, comme elle ne savait faire que cela.

Quand elle a essayé d'atteindre son but, j'ai compris qu'avec cette conspiration j'avais perdu les valeurs que j'avais tant voulu porter tout en haut de la vie des autres et de la mienne. À mon dernier jour, je lui ai demandé si j'étais toujours l'homme de sa vie, et elle m'a répondu oui, tenant ma main dans sa main, et je suis mort. C'était ce secret qu'elle gardait précieusement, et que personne n'a su être mon dernier mot d'amour pour elle. Mais malgré cela, j'ai tremblé en mourant qu'elle ne se jette déjà dans les bras d'un autre, parce que jolie comme elle l'était, pourquoi serait-elle restée sans un homme dans sa vie ? J'étais fou de colère de mourir sans l'emmener avec moi. Et pourtant, dès ma mort, je me suis vu l'aimer et elle m'aimer, sans même savoir comment elle pouvait y parvenir, et sans même me rendre compte de comment je pouvais y parvenir. Les choses étaient ce qu'elles étaient et je me contentais d'être partout avec elle, et elle savait, je ne sais comment, que je ne la quittais pas. Elle m'a fait ce cadeau incroyable de vouer sa vie à l'immensité de la mort, et n'a eu de cesse de saisir les causes de cette vie après la mort.

Lorsqu'elle allait quelque part où l'on s'intéressait à la vie des décédés, elle ne posait jamais de questions pour ne pas influencer les réponses qui venaient à cette époque de gens dont la sensibilité leur permettait de communiquer avec les morts. Elle laissait venir l'information s'il y en avait une qui pouvait l'instruire de ce qu'elle cherchait à prouver. Les morts n'étaient pas sans vie, mais à quoi cela pouvait-il bien servir que de savoir cela, et quel était alors l'impact, dans l'existence des gens, du fait de ne pas être sans vie après le décès ? L'histoire de sa vie avec moi n'était pas en train de s'envoler comme j'avais si peur que cela soit. Au contraire. Elle essayait de comprendre pourquoi vivre après la mort : avec qui vivait-on quand l'autre était décédé, et que pourtant on le sentait vivant. Et je l'étais. Je n'avais rien d'autre à faire que d'être vivant et de tenter de comprendre également à quoi cela pouvait bien me servir d'être toujours vivant sans que personne d'autre ne me sente présent sur terre. J'avais hâte d'être informé, également, de la valeur d'une existence quand de toute façon on ne meurt qu'avec son corps. On gardait l'esprit lucide et on n'avait pas toutes les informations comme dans la vie terrestre. Alors qu'elle était en train de se poser des questions à ce sujet, j'essayais de mon côté d'être informé, mais là où j'étais, dans la dimension après la mort, personne n'avait de renseignement probant. J'ai donc dû me fier à elle, et un jour de sa vie sur terre, elle en a simplement conclu qu'il fallait que les hommes s'aiment pour avoir la paix sur terre. J'en suis resté estomaqué. J'étais dans la mort, près de ce qui aurait dû être le centre d'information de Dieu ou des anges de Dieu, ou de je ne sais quel mage au courant de tout, et c'était celle qui m'avait aimé, et qui m'aimait encore et toujours, qui cherchait à connaître le moyen d'être en paix sur terre ; et qui se donnait totalement à cette idée et allait simplement son chemin. Elle a réussi à me tirer les larmes, tant elle vivait cela de toute son âme, décidée à aimer les autres. Puis, faisant route vers son but, elle a cherché où était Dieu, et c'est avec douceur qu'elle s'est sentie envahie de cet amour qui lui donnait raison de comprendre qu'en elle était l'amour de Dieu. J'étais devant le fait accompli. Cette femme que j'aimais ne m'avait rien laissé voir de ce qu'elle cherchait dans la vie. Elle me donnait à croire qu'elle n'était qu'une femme amoureuse de moi, alors qu'elle demandait bien plus à cet amour pour moi puisqu'elle voulait l'étendre à toute l'humanité. Et rien que de l'entendre se réjouir d'avoir trouvé où était l'idée de Dieu pour le dire à tous ceux qui cherchaient et qui pleuraient de n'avoir aucun signes, j'ai pleuré en son corps et je me suis laissé entraîner par ce qu'elle voyait de la vie sur terre. Et c'est là que tout a commencé.

J'ai fait le vœu d'aimer en ce qu'elle avait fait le vœu d'aimer, et nous ne nous sommes plus jamais quittés. Elle m'entend clairement, je l'entends clairement et nous continuons notre vie d'amoureux, bien qu'elle soit dans un corps, et moi seulement dans un corpus d'ondes qui fait partie du sien. C'est aussi fou que cela, et pourtant c'est aussi vrai que cela. Nous vivons également les choses et nous ne pouvons plus faire autrement. Mais c'est aussi vrai pour tous ceux qui ont franchi le pas dans leur existence de décédés et qui ont accordé leur vie d'éternité à l'amour des hommes et des femmes de la Terre. Il n'y a plus à se demander si on est aimé ou pas, là où nous sommes tous, nous sommes alliés en conscience à ce qui aime en nous, et l'élargissement de notre vie vient de cet amour en nous qui nous aime et nous aide à aider les autres. Il n'y avait pas d'anges, mais des hommes et des femmes qui ont accordé leur vie à l'idée divine, et qui aident ceux qui cherchent à comprendre ce qu'ils sont venus accomplir dans un corps d'humain sur terre.

La difficulté à présent est d'accorder l'idée d'immanence à la présence d'amour éternel directement en soi.

L'histoire de ma vie n'était donc pas de rester déçu de n'être pas parvenu à aimer les autres, mais de continuer à chercher comment y parvenir. En quelque sorte, nous avons tous à y parvenir, mais personne n'a à nous intimer l'ordre d'y parvenir, parce qu'en réalité nous sommes tous sur terre pour cette mission d'aimer que nous nous sommes donnée.

Lorsqu'en écoutant la femme qui était ma compagne de vie sur terre j'ai réalisé qu'il y avait une astuce essentielle que je n'avais pas prise en compte, j'ai mis de côté mon grade d'homme voulant aimer, et j'ai fait ce qu'elle a fait en se laissant guider par ce qu'elle avait d'amour en elle, ce qu'elle m'avait ouvert sans que je comprenne exactement ce qu'elle entendait par « Je t'aime, et je sais que tu ressembles à l'amour » ; et j'ai donné une pichenette à ma façon d'envisager ce qu'aimer une femme pouvait signifier de preuves d'amour par colifichets interposés, de valeur plus ou moins énorme suivant les circonstances. J'étais dans l'erreur de croire, comme tout le monde, que l'amour se prouvait par les attentions matérielles qu'on avait pour l'autre. J'étais dans l'erreur, comme tout le monde, d'être impatient de ressentir l'envol d'une sorte de sentiment introuvable quand on aime par colifichets interposés. Et je ne comprenais pas pourquoi j'étais ouvert à ce point à ce qu'elle disait être l'amour sans m'entendre faire le même constat. Je m'obstinais à lui prouver des choses, et elle continuait à ne rien me prouver du tout, mais restait là près de moi, à veiller sur moi comme elle aurait veillé sur une personne qu'elle aimait de toute son âme. Elle faisait cela pour moi, et je sentais qu'elle ferait la même chose pour quelqu'un d'autre, et cela me rendait jaloux d'avance.

Il m'a fallu l'entendre dire à ce qu'elle avait d'amour en elle de lui indiquer où était Dieu, que tout le monde cherchait dans les cieux, et que, sans en avoir la preuve, elle savait n'être pas là. Elle demandait en elle l'aide pour le trouver, et l'aide lui a été donnée, et elle est parvenue dans l'instant à la dimension divine inscrite en elle. Malgré cela, elle n'attendait rien d'autre que cette confirmation. Enfin, elle comprenait et vivait l'espace divin intérieur, et non quelque part dans l'espace des Terriens. Elle ne voulait que renseigner ceux qui cherchaient. Elle ne s'attendait pas à faire le lien directement, pour vérifier l'exactitude de sa réflexion sur le lieu où était cette force d'amour éternel. La voix immense s'est élevée en elle, et rien n'a plus été comme avant.

J'étais là, et je me voyais enfin non pas dans son atmosphère, comme elle-même le supposait, comme moi-même je me croyais près d'elle, tant j'avais le sentiment de la suivre partout, mais réellement en elle, et elle en moi. Ce n'est que dès l'instant où la voix s'est élevée en elle qui m'aimait, et qui demandait d'être informée plutôt que d'être assurée de ma constante présence près d'elle, que s'est ouverte ma conscience d'être en elle et elle en moi.

Quand on aime de cet amour qui n'attend pas en retour, il ne finit jamais. J'avais souhaité qu'elle me reste aimante, et je voyais qu'elle n'avait jamais eu l'intention de ne l'être pas, parce qu'elle disait l'amour en elle-même, et non l'amour humain qui aime et puis n'aime plus. Dans la lecture en l'amour-même-Dieu que je faisais, il paraissait clairement que j'étais jaloux d'elle qui allait en aimer d'autres que moi sans avoir jamais su pourquoi je l'aimais autant.

Elle et moi avions été époux dans une autre existence. Elle m'assistait dans mon engagement dans la vie religieuse. J'étais jaloux de ceux dont elle s'occupait. Je guettais le moment où elle me choisirait plutôt que les autres.

Notre pacte pour cette nouvelle existence était de parvenir, hors des voies religieuses, à retrouver ce qui nous animait elle et moi pour aider les autres. Elle a tenu parole. Moi, je suis resté jaloux, pas seulement par rapport à elle, mais par rapport à ceux qui pourraient s'en sortir sans mon aide, d'où mon intolérable sentiment d'impuissance, quand ceux qui venaient à mes spectacles n'entendaient pas que j'attendais qu'ils m'aident à les aimer.

Les décédés ne changent pas de vie tant qu'ils n'ont pas compris qu'ils ont à trouver le but de l'existence humaine. Ils restent à vivre en chacun, sans se rendre compte qu'ils sont réellement en chacun, et s'extériorisent pour se reconnaître vivants.

Même après le décès, nous demeurons dans l'ignorance des choses, même si nous avons une vision de ce qui peut advenir aux autres.

Enfin j'avais mes réponses et enfin je n'avais plus besoin de tenter d'essayer d'aimer les autres, mais d'être là où aimer aime en moi. J'aurais fait de vaillantes percées dans l'intention d'aimer, mais faire de vaillantes percées n'est pas décider de ne rien en attendre en retour.

J'étais en souffrance de ne pas atteindre mon but, je n'avais pas repéré que celle que j'aimais l'atteignait sans même en faire toute une histoire. Elle accueillait les gens dans l'intention de les aider et non de se faire aimer. Il ne paraît pas facilement évident d'accorder son existence à l'amour qui n'attend pas en retour, quand on n'a pas idée de ce que l'on a retrouvé dans l'acte de vivre. Parfois, cela nous vient naturellement d'aimer ainsi, mais il ne nous vient pas spontanément de porter notre attention sur ce que cela détermine dans notre propre histoire. Il m'a fallu mourir et m'entendre en amour-même-Dieu, pour me voir agir comme l'homme qui désirait aimer, mais qui ne prenait pas l'aide de l'amour en lui pour y parvenir, et ne pouvait donc pas y parvenir.

L'amour en chacun lie les hommes entre eux, et sans qu'on s'en rende compte, on conçoit ensemble des idées d'amour éternel, mais on n'a pas l'impression que l'on est sur une voie d'amour divin, parce qu'on est habitué à imaginer le divin dans les religions et non dans l'acte d'être vivant.

Claude Pinoteau

L'histoire de ma vie était aussi bien que possible portée sur les bonheurs simples. J'avais vécu des moments extraordinaires dans les pattes des plus grands de ma jeunesse et cela ressemblait à un conte de fées. D'ailleurs, je me suis intéressé davantage aux films qui parlaient d'une histoire d'amour qu'à ceux avec de grandes envolées philosophiques, parce que dans mon enfance, tout allait bien pour moi. Mon père était technicien dans le cinéma et m'avait fait goûter à ces délices dont j'ai pu vivre toute ma vie.

J'étais à cran lorsque je ne tournais pas, et ceux qui ont eu ce métier dans les veines savent de quoi sont faites nos journées sans plans de film. Il arrivait que je me sente inutile de ne pas travailler à un projet qu'il faudrait porter des années, parfois, avant qu'il n'aboutisse ; et cela me donnait pourtant l'impression de faire quelque chose d'important. J'étais dans les rues de Paris à siffloter comme un gamin, quand j'étais en pleine élaboration d'une scène de film qui serait sans doute coupée au montage, mais dont le simple fait d'avoir à la mettre en lisibilité m'enchantait. J'avais le don d'écrire des scènes parfois bien plus grandioses en imagination qu'elles ne rendaient à l'écran. Je voulais tout en Cinémascope, et je devais seulement m'appliquer à ne pas avoir d'idées de grandeur que l'inspection des financiers pourrait détecter et donc supprimer. Une fois qu'on parvient à se faire entendre, on n'a pas envie de couper le robinet d'une si difficile entreprise, celle de trouver de l'argent pour réaliser ses rêves.

Un matin au lever, on m'a demandé d'aller chercher cette femme qui joue avec Lino Ventura dans une scène de *Boulevard du Rhum*. J'ai fait bien des variations pour la trouver, et finalement la secrétaire de production a pu y parvenir. Elle est arrivée simplement, entre deux répétitions d'un show de mode dont elle avait créé l'événement, pour être auditionnée. Elle remplissait les critères de ce petit rôle et nous l'avons retenue, lui donnant les dates du tournage qui se passait aux Antilles britanniques ; et comme par un hasard malicieux, elle devenait libre neuf heures avant l'heure du départ. Sur ce tournage elle a rencontré Jacques Brel, et ils ne se sont plus jamais quittés.

Bien des années plus tard, elle m'a parlé de ces choses qu'on n'aime pas trop après le décès de Jacques Brel, elle m'a fait part de sa capacité à le sentir présent dans tous les moments de sa vie. Je croyais qu'elle ne tenait pas à perdre un homme si précieux et j'ai fait semblant de trouver cela normal. Mais j'avoue que j'étais loin de penser qu'elle se tiendrait désormais dans cette vision de la vie, de la mort, et nous n'en avons pas reparlé.

Puis un jour, elle est arrivée chez moi, avec cette idée de Dieu en chacun et l'expérience qu'elle avait faite de son enseignement, isolée aux îles Marquises. Là, j'étais sans voix. Elle m'en a simplement donné les grandes lignes. Mais en la voyant écrire la dédicace de Jacques sur un livre qu'elle était venue m'offrir, j'étais frissonnant, parce qu'il y avait là une chose que je ne connaissais pas et dont je ne pouvais pas me dire qu'elle n'était pas. Elle vivait en osmose avec Jacques Brel. Nous en sommes restés là avant qu'elle ne m'entende en elle pour de bon, puisque je venais de décéder. Et bizarrement j'ai prononcé son nom, comme une bouée de sauvetage pour m'indiquer ce que je devais faire de cette mort que j'avais négligé d'explorer. Et sans même que j'aie eu le temps de me ressaisir, c'est Jacques Brel qui m'a soufflé des mots qu'on ne se dit pas entre hommes quand on croit n'être pas de ce bord des amants du même genre.

Elle m'a apporté une place que je ne soupçonnais pas dans ma vie, celle où tout est si clairement énoncé qu'on n'a plus à se regarder penser de travers. Lorsqu'elle m'avait fait part de cette idée d'oser aimer l'humanité pour écouter la parole en soi, j'étais confiant en ce qu'elle disait, mais pas au point de me lancer dans une telle aventure. Je ne soupçonnais pas ce que cela avait de grandiose et d'enrichissant pour l'âme de tout le monde. J'avais idée qu'elle s'en sortait bien, et que cela devait être un chemin spirituel personnel, mais pas une si vaste entreprise ouverte à tous. L'idée divine entendue en elle englobe toute l'humanité, sans n'exclure personne la constituant.

J'étais forcément privé des autres en moi, lorsque je lui répondis évasivement : « Tu y crois, et si cela te fais du bien, on ne peut rien dire. » À cela, elle a répondu : « Ce n'est pas une croyance, c'est ce que je vis », et j'étais bien forcé d'être respectueux de ce qu'elle vivait. C'est bien cela qui m'intéressait, parce qu'en retenant ce qu'elle m'avait dit, j'ai pu reconnaître l'accent de la voix en moi qui m'invitait à écouter les conseils qui n'étaient qu'encouragement à s'aider à aimer en Dieu. On n'a pas tout de suite envie d'être pris en charge par les autres, tant qu'on ne sait pas exactement où l'on est. Il m'a donc fallu prendre conscience qu'en mourant je ne perdais rien de ce qu'en moi j'avais de précieux, et que ma vie n'avait pas une fin, mais une éternité dans l'amour et non une éternité terrestre.

J'ai trouvé qu'en moi il y avait bien plus de goût pour les autres que je ne m'y étais arrêté, et que faire ces films d'histoires d'amour était une sorte d'encouragement à ne pas avoir de place pour le contraire. En réalité, je me suis rendu compte des actes de non-amour qui tournaient toujours autour de l'orgueil et jamais de la réalité de sa valeur personnelle. J'ai aussi découvert qu'on croit être bon, quand on ne fait qu'inciter les autres à vous rendre la pareille. Et puis surtout j'ai découvert qu'en écoutant parfois des choses auxquelles on refuse de croire, on s'aperçoit plus tard que ce sont elles qui nous ont donné les réponses qu'on cherchait.

Personne ne pense à Barbara sans penser à la souffrance qu'elle exprimait dans toutes ses chansons. Souffrance d'être sans l'homme aimé, souffrance d'être sans quelqu'un à aimer. L'idée de solitude vient de ce qu'elle n'avait personne répondant à ce qu'elle savait d'elle-même. Comme si elle n'était pas en mesure de parler franchement d'elle-même à celui qui aurait désiré l'aimer, se fondant seulement sur ce qu'il voyait d'elle et non sur ce qu'elle couvait en elle. Sa solitude vient de cet inventaire des souffrances endurées durant l'enfance, et d'une incapacité à s'en défaire par acte d'amour pour une autre personne avec qui elle vivrait toute son existence.

Je l'ai rencontrée avec Jacques Brel, puis quelquefois sans lui, et elle n'a jamais pu me donner l'impression d'être sortie du combat qu'elle menait contre elle-même. C'était contre elle qu'elle se battait, pour arriver à oublier les chagrins qu'elle portait du fait de son enfermement dans l'idée qu'elle était née pour souffrir, puisqu'elle ne voyait rien d'autre jaillir de sa vie.

Lorsqu'elle m'a parlé intérieurement, elle n'était plus celle qui souffrait, mais celle qui voyait ce que la souffrance avait fait d'elle. La voilà.

Barbara

La décision de chanter n'est pas une dure loi qui vous fait rester des années à attendre de se faire connaître, c'est une certitude : c'est ce que l'on veut expérimenter pour la vie. Ma décision de chanter était absolue ? Non. Elle était vitale. Si je n'avais pas chanté, j'aurais dû me mettre à peindre, à écrire ou à sculpter. J'avais le cœur trop lourd pour me permettre d'être tous les jours à une table de bureau dans une entreprise quelconque. Mais la vie a heureusement été clémente et m'a évité cette corvée. Chanter, pourquoi ? Pour être en lumière ? Non. Pour m'éviter de n'être rien que douleur, désenchantement, chagrin. J'ai cherché à plaire à quelqu'un qui aurait pu m'aimer. Quel est l'homme qui aurait le talent de former un couple avec moi ? J'étais si sûre d'avoir des chances de demeurer seule qu'il fallait bien que l'homme que j'aurais pu aimer ait un talent fou. Et ça !...

J'avais le mal de vivre.

Dans ma tête il ne se passait rien d'autre qu'un désir fou d'être aimée. Aimée pour moi. Mais ce « moi », qui aurait pu être aimé, je ne le connaissais pas autrement que dans les troubles d'identité. Qui étais-je en réalité ? Que savais-je de moi, si intensément triste au fond, si étrangement étrangère à la santé physique de l'être ? Ma façon d'aborder mes chansons était toujours dans le calvaire d'être une femme seule.

Comme le désir d'aimer et d'être aimée m'a à ce point perturbée, j'ai faussé le jeu en me disant neurasthénique. Oui. Vraiment. La nervosité est quelque chose que l'on accepte mieux. Dire « c'est une femme qui a ses nerfs » me donnait la paix. Je jouais celle qui est un peu particulière et que l'on doit ménager ; cette tricherie m'a énormément aidée à me préserver des intrus. Tout ce qui ne va pas dans l'histoire d'amour des hommes et des femmes de spectacle devient un intrus. Qui sait comment des personnes de spectacle peuvent être sincères ? Si on est bon acteur, le jeu n'est pas un obstacle. Tout ce qui est un obstacle, c'est de ne pas savoir jouer avec le jeu des artistes qui ont une façon particulière d'être des gens. Ceux qui se font accepter sont ceux qui trichent, eux aussi. Ça ne veut pas dire que mon spectacle était un mensonge. Mon spectacle était une parenthèse où je pouvais puiser dans ma détresse les accents nécessaires, pour que l'on sache que j'avais une souffrance accrue par le manque d'amour dans ma vie. Les artistes n'ont pas leur pareil pour se lamenter sur leur sort !

La décision d'avoir un amant de passage était aussi dans le jeu que je menais, fort bien d'ailleurs, avec moi-même. L'idée était de ne pas s'attarder trop longtemps pour ne pas avoir à rompre dans la souffrance. Si j'avais su les désirs divins en moi, j'aurais été la première à jouer avec Dieu pour Le désespérer de me faire confiance. Dieu avait pour moi une allure de cas de force majeure qui vous résigne à adopter une attitude pesant sur la conscience pour ne pas vous démolir. Si j'avais cru en Dieu, j'aurais laissé une part de moi dans cette quête qui m'aurait sans doute menée à l'asile. Cette façon que les dogmes ont de vous faire prendre des vessies pour des lanternes m'a toujours rendue nerveuse et me mettait même en colère.

J'ai formé le vœu de chanter pour que ces choses de l'intolérance ne m'assaillent plus dans mon goût de chanter pour me guérir des plaies de l'enfance. J'avais envie de m'occuper de mon chagrin, pas de celui des autres, et même si cela n'est pas à mon avantage, c'est tout de même ce que j'ai réussi. J'avais envie de m'absoudre des péchés des autres contre moi, et de ne pas avoir honte d'avoir été violée par celui à qui je devais me fier pour ma vie future, et qui l'avait d'avance assassinée. Il n'y avait pas de chagrin d'être violée, il y avait la rage d'avoir couvert ces actes délictueux. J'étais violente dans le fond, et là, j'ai gardé ma violence au fond de moi et j'ai plongé dans l'insolence d'être la femme de mon père au lieu d'être seulement sa fille. On doit tout voir de soi, et même ce qui n'aurait pas de sens pour celui qui regarde la scène inadaptée à ce qu'il voudrait que ce soit.

Jusqu'à hier encore, je respirais l'air des rues de Paris, et jusqu'à hier encore on me croyait naturellement bonne interprète des chansons qu'en deux temps trois mouvements j'étais capable d'écrire dès que j'avais trouvé mon sujet, mon angle de vue. Et parfois, c'était la chanson qui apparaissait d'elle-même au fond de moi et remontait à mes lèvres, dans le même mouvement d'interprétation des mots qu'en quelque sorte j'avais calé dans une peine ou un chagrin passé. L'humour m'a sauvée et m'a perdue. Parce que je riais de tout jusqu'à oublier d'appeler à l'aide quand j'étais soûle d'avoir trop ri des autres et pas de moi. J'étalais ma verve de femme tranchant dans le vif du sujet, et j'écoutais les plaintes au loin, pour n'avoir pas à consoler de ce que j'avais moi-même touché l'autre au plus profond de sa déception de n'avoir pas su me garder. J'ai parfois touché le cœur des gens comme avec une épingle de nourrice malveillante. Mais parfois, j'ai gonflé les voiles de celui qui voulait partir et qui n'osait pas me faire ce chagrin-là. On n'a pas demandé à se lamenter pour rien, si j'ai tout compris. Et je crois avoir tout fait pour n'avoir qu'à me lamenter, et pouvoir alors écrire des chansons à faire chavirer le cœur du chaland.

La passion que j'avais était de chanter ma passion de chanter, et pour cela j'aurais fait des bêtises s'il l'avait fallu. Qui n'est pas assez fou pour vouloir chanter reste dans l'idée que c'est impossible, que personne ne l'attend, qu'il n'est pas assez performant ou je ne sais quelle excuse de repli. Mais lorsqu'on veut s'étourdir de chanter, on se prostituerait s'il le fallait pour y parvenir. C'est d'ailleurs ce que tout le monde qui veut chanter fait en se vendant au plus offrant, le public. J'étais contrariée par ma valeur de femme sans grande beauté, et pour contrecarrer cette allure d'intrigante, j'ai pris des airs d'en vouloir pour mon argent ; et j'ai comblé cette malformation du dos par des apparats de chiffons noirs et un maquillage digne d'une tragédienne. Et quoi qu'on en pensât, j'étais comme habillée de moi-même, pour ne pas me ressembler à nu et à vif, comme je me sentais être, tout le temps qu'on me regardait chanter mon spleen de femme tournée vers les chagrins plutôt que l'humour, parfois, dont je me drapais pour passer inaperçue. On pourra dire deux choses de moi : l'une, que j'ai fait la femme attentive à l'horreur d'être sans amour. L'autre, que j'étais fixée sur la facilité à placer les hommes dans ma ligne de mire, quand ils s'en allaient de mon lit. Il se fait qu'on n'est pas nourri tous les jours d'un amour éternel, et on se place dans l'impasse d'en valoriser l'absence, plutôt qu'aller chercher où il se terre vraiment. Une personne n'est pas sans amour en elle, même si elle tue, assassine, elle n'est pas sans cet amour qu'elle ne tient pas à utiliser pour vivre. C'était cela, le point de jonction qu'il m'aurait bien été utile de toucher durant mes livraisons de larmes, desséchées par l'acte de les chanter hautement, fidèlement à ce qu'elles me semblaient porter de souffrance dans mon cœur.

L'arme des sanglots est de faire éclater le cœur quand on repense à la souffrance qu'on ne parvient pas à extirper de soi. L'arme des sanglots est d'étrangler les mots dans la gorge quand on ne s'y attend pas. Les larmes sont plus grandes lorsque qu'on les laisse couler sans les arrêter, qu'on se noie dedans volontairement, et qu'après on se sent libre de n'avoir plus aucun chagrin.

Lorsqu'en se penchant sur soi, on ne voit qu'une forme d'envie de bonheur mais pas vraiment la décision d'avoir ce bonheur en permanence, faut-il accuser le bonheur ou soi ? J'accusais le bonheur de me fuir, sans me demander ce qu'il me fallait dire ou faire pour qu'en attente du bonheur je puisse m'estimer heureuse de vivre. Car on parle de bonheur dans les livres d'images, sans préciser qu'on l'espère plus qu'on n'a à le fabriquer de sa propre volonté d'être dans le bonheur. Une fois qu'on rit de soi, on s'aperçoit qu'on n'a jamais mis en œuvre de quoi être heureux, et donc nager naturellement dans le sens du fil de l'eau ; mais qu'on a regardé dans ce qu'on voyait des autres ce qu'on pouvait obtenir de bonheur, et se rassurer que cela pouvait être possible aussi pour soi. Les gens rêvent de bonheur sans le définir clairement, et sans mettre tout en œuvre pour l'obtenir. J'oserais dire qu'on se plante là dans la vie, en espérant que le bonheur viendra là où on est planté.

L'homme résiste à regarder en lui, pour faire celui qui le découvre avec émerveillement quand il est amoureux d'une personne qu'il n'attendait pas dans sa vie. Il regarde comme un enfant ébloui, et non comme une personne dont la vie est cause d'émerveillement, pour peu qu'il regarde d'abord au fond de lui et découvre alors qu'il y a là son trésor millénaire, qu'il a mis tout ce temps à retrouver. J'étais couverte de bleus à l'âme, et pourtant je mettais tout en œuvre pour en avoir davantage et non pour les effacer. Lorsqu'on m'a demandé un jour pourquoi j'étais constamment vêtue de noir, j'ai répondu : parce que j'avais des douleurs que je voulais recouvrir de noir, pour ne pas les oublier ? Non. Je me suis enveloppée dans ma cape de drap noir et j'ai regardé l'interlocuteur, comme pour répondre à une question qui ne le regardait pas. Et j'ai fait la pirouette qu'on m'a vue faire mille fois : j'ai décidé d'aller m'enfouir dans une chanson de passion non assouvie.

Il pleut sur Nantes était une chanson dans laquelle je disais mon chagrin de n'avoir pas été là à la dernière heure de mon père. Alors qu'on ne pouvait même pas imaginer qu'on puisse se peiner de ce qu'on vous ait cassée dès le plus jeune âge, qu'on vous ait enlevé le prince charmant, et surtout qu'on se soit enfui pour ne pas payer cette dette ignoble. Et qu'on vous ait mise au défi de vous relever malgré tout.

J'avais pris pour cible une personne qui répétait sans cesse qu'elle n'était pas heureuse de vivre, mais qui dans ses propos tournait tout en dérision, et tout le monde riait de sa perspicacité, sans la voir aussi triste qu'elle semblait l'imprimer dans l'esprit des gens. Un jour, elle m'a regardée jouer sur mon piano, et elle m'a sifflé aux oreilles qu'en chantant la misère de mon cœur, j'étais plus à plaindre qu'à aimer. Alors, j'étais en train de m'écouter ? lui dis-je alors qu'elle me soufflait d'être plus rieuse. Elle a regardé vers une autre personne qui riait franchement, et puis s'est effacée devant moi. J'ai alors composé une cantate du bout des doigts.

Et, grandement heureuse d'être légère, j'ai rattrapé le temps perdu et j'ai écrit sans m'impliquer dans le chagrin que j'écrivais. C'était comme me demander d'être une personne que j'observais et non comme cette personne observée. Finalement, j'ai réussi à m'enlever le poids du chagrin sur le cœur et à le poser sur cette femme qui racontait son histoire. Elle m'a accompagnée dans mes dernières chansons, et m'a dit à plusieurs reprises que je ferais mieux d'abandonner mon tour de chant, avant de n'être plus rien qu'une femme obstinée à croire qu'elle tenait debout par la chanson, et non pas parce qu'elle était vivante. L'histoire a failli tourner totalement à mon désavantage, mais l'heure avait sonné, et il était temps de tourner la page.

L'histoire de ma vie était bien évidemment d'égarer mon homme quelque part et de tenter de le retrouver. Mon homme qui était fait d'amour pour moi, et qui m'aimerait éternellement. Mais j'ai confondu l'amour originel, qui était celui que je devais retrouver, avec l'amour d'un amant qui ferait mes quatre volontés. Évidemment, j'ai manqué l'idée d'aimer les autres et du même coup me satisfaire de qui j'étais. J'entendais derrière moi insinuer des choses qu'on n'avait pas le courage de me dire en face, là où j'avais perdu le sens des réalités en me permettant d'être ingrate vis-à-vis de certains et généreuse vis-à-vis d'autres, pour faire mal à ceux à qui j'aurais mieux fait de simplement dire merci.

On se regarde en amour-même-Dieu et on ne rate rien de ce qu'on a réalisé, et parfois on se demande pourquoi rien n'est venu nous dire : « Assez ! Ça suffit maintenant ! Restez donc tranquille ! » J'étais, dans l'instant de mourir, plus certaine d'être controversée qu'aimée. Mais dans le fond de moi, j'étais bien sûre que je voulais pouvoir partir sans regrets, et penser cela m'interdisait de pleurer sur la mort qui allait venir. L'on se cache souvent dans les replis de son âme, mais on ne connaît pas son âme, on ne sait pas qui elle est.

J'étais femme légèrement plus habile qu'artiste, et parfois plus artiste qu'habile. J'étais dans l'insensibilité de pleurer pour ceux que je n'aimais pas ; et dans l'abondance de larmes pour qui j'avais à aimer – et que je ne parvenais pas à aimer comme j'aurais voulu le sentir dans mon sang de femme passionnée pour l'amour qui circulait loin d'elle, et qui ne l'attrapait jamais. J'étais femme passionnée d'aimer l'enfant qu'on m'avait fait perdre, en me jetant dans les plis des draps d'un père trop cassant pour mon cœur de fille qui aimait son père tendrement. On reste l'enfant qui a perdu sa famille, alors qu'en soi la famille est au complet. Malgré tout ce monde que l'on trimballe, on pleure pour une personne qui ne nous regarde pas. J'étais comme déchirée par l'idée d'avoir seulement chanté ma douleur, ma dérision, mon manque d'amant qui m'aimerait éternellement. Non seulement on se plaint des autres, mais on ne se console jamais d'avoir perdu l'enfance. Celle qui devait être seulement un temps d'espérance de ce qu'un jour, quand on sera grand, on fera comme on voudra, sans l'appréciation des autres qui sont déjà grands. Mon cœur jaillissait d'entrer dans le cœur des enfants, mais parfois il m'égarait dans le regret de n'avoir pas eu cette enfance-là. L'histoire de chacun est comme une pincée de joie, un zeste d'ennui, une poignée de malheur et quelques grains de plaisir. J'avais du monde à mes pieds ; mais j'étais aux pieds des hommes qui n'avaient pas pris le temps de s'enivrer d'amour pour moi et de me cajoler de tendresse infantilisante – mais si douce à la petite fille qui attendait son père et n'avait pas compris ses gestes d'homme sans petite fille à aimer. J'étais constamment en train de rêver à cette femme que j'aurais pu être si j'avais eu une autre famille, mais constamment je me réveillais et n'étais qu'une enfant sans papa gâteau, et sans parents gentiment disposés à tenir le coup pour élever leurs enfants.

J'étais petite femme, grande autoritaire. Et moins petite femme qu'amoureuse d'une voie de punition qu'elle se donnait pour avoir laissé son père abuser d'elle. C'est le jeu de tous ceux et celles qui se sentent dépossédés d'une chose unique, l'enfance. Et qui n'ont aucun moyen de la retrouver, même s'ils s'amusent dans les jardins d'enfants à ressasser l'enfance qu'ils auraient pu avoir, si…

Accorder sa vie à Dieu n'est pas prier le petit Jésus. Édith Piaf tenait à parler au petit Jésus, mais n'a pas pu l'entendre lui dire les mots de réconfort qu'elle espérait pour n'avoir plus peur de vivre seule. Seule, elle ne l'était jamais, apparemment, mais au moment du coucher le soir la peur l'envahissait et elle ne pouvait pas s'endormir sans avoir les autres dans la maison ou près d'elle. Autant elle semblait fragile devant l'existence, autant, alors qu'elle avait réalisé l'accord divin, elle avait de la force pour aider les autres.

Édith Piaf

La première fois qu'il m'a fallu dire mon nom de femme chanteuse, j'ai été bouleversée par l'indifférence des gens. Le cabaret est rude et quand on parvient à retenir l'attention des gens, on peut dire qu'on a une sacrée chance. L'espoir ne m'avait pas semblé prometteur et dans le fond de mon cœur j'entendais dame la Lune parler d'illusion, de mirage, de réussite. Mais je ne l'ai pas écoutée. J'ai foncé tête baissée dans l'infortune de la notoriété et j'ai ramassé les miettes à quarante-sept ans. Les gens m'ont adorée, moi la petite femme de nature austère qui faisais celle qui savait rire aux éclats. Je ne me souviens que de mes rires aux éclats et non de mes rires de tendresse pour quelqu'un qui m'aurait vraiment fait rire gentiment. On n'a pas l'habitude de se voir d'aussi près que là où on est en train de lire sa vie. J'étais musicienne naturellement et j'en avais bavé pour m'assurer d'être une femme reconnue chanteuse de talent, malgré ses origines de sans avenir du tout. Je n'avais qu'une discipline, celle de regarder dans les yeux des autres pour voir s'ils étaient aussi émus que moi d'entendre chanter la femme sans avenir du tout. Les regards se sont posés sur moi après des années d'effort pour me sortir de cette mouise qui collait à l'âme. Mon chagrin d'enfance était toujours là, et je n'avais pas de Père Noël pour me donner des cadeaux achetés dans les magasins du cœur des parents. Quand on parle de Piaf, on ne dit jamais qu'elle était une petite fille qui avait peur dans le noir. On parle des hommes qu'elle a séduits et largués pour une chose toute naturelle : elle n'avait plus le sentiment d'être aimée comme elle aimait être aimée, bercée comme une petite fille qui avait si peur dans le noir. Allons, allons, direz-vous, vous n'allez pas me faire croire que vous étiez telle une petite fille qui avait peur dans le noir ! Si, messieurs et dames, si, bien sûr que j'étais cette femme-là. Et vous tourneriez cent fois la langue dans votre bouche pour me dire qui a raison de vous ou de moi, je sais qui a raison car j'étais cette femme-là. J'entendais des louves et non des loups hurler dans le noir. J'entendais des rumeurs qui venaient de je ne sais où et qui me donnaient le frisson. J'entendais des accents incompréhensibles pour moi et je croyais naïvement qu'avec un homme auprès de moi, ces choses s'en iraient et me laisseraient tranquille. Chaque jour j'avais l'impression de plonger dans une sorte de matière visqueuse qui n'avait pas son pareil pour m'effrayer. Je n'ai jamais rien dit, car j'avais l'impression qu'il faudrait que j'explique tout par le menu et j'en étais incapable, tant c'était particulier. Maintenant que j'ai la lecture en l'amour-même, je puis dire exactement ce que c'était. J'entendais des voix qui n'étaient que des murmures et cela provenait des songes de grandeur que j'avais faits étant petite et qui ne se sont jamais réalisés comme j'avais imaginé la grandeur d'une vie. On ne comprend pas pourquoi les songes de grandeur viendraient vous perturber pour n'être pas ceux que vous vivez dans votre réalité. Allons, allons, vous n'allez pas nous dire que les rêves de grandeur ont une influence sur le présent des gens ! Si, bien sûr que si. J'avais rêvé d'être une femme aimante et soumise à un homme, et les rêves venaient me le rappeler chaque fois que je m'en éloignais. On n'a jamais entendu parler de psychanalyse de ce genre ? Si, bien sûr que si ! Des tas de gens ont une dépendance à leurs rêves, même s'ils ne savent pas toujours les décoder. J'étais comme une fée qui avait perdu sa baguette magique et je ne parvenais pas à arrêter les rumeurs dans mon cœur, et ma tête et mon esprit. Je savais seulement m'entourer des bras des hommes pour ne plus pleurer dans le noir. On aurait dit, si j'en avais parlé, que j'étais folle. Je savais que je ne l'étais pas, c'était seulement la nuit qu'il m'arrivait très souvent d'entendre des bruits partout dans la maison. J'ai placé mon sens de l'économie de moyens dans l'homme qui marchait à mon côté, et aussi dans tous ceux et celles qui ne connaissaient pas mon angoisse et qui pensaient me tenir compagnie parce que je n'arrivais pas à m'endormir.

La façon de rire des gens dénote leur capacité à rire plus ou moins d'eux-mêmes. Et l'on remarque qu'ils rient plus souvent des autres que d'eux-mêmes. Or rire de soi est prometteur car on voit les bêtises que l'on fait, et au mieux on tente de les éliminer de sa vie. La volonté d'aimer les hommes n'était pas ce que je recherchais, je cherchais un protecteur. Sans doute se lassaient-ils vite de moi, plus que je ne les repoussais après leur avoir ouvert mon lit. J'étais anxieuse de devoir me cacher derrière les hommes sans qu'ils le sachent, et plus je vieillissais, plus j'angoissais.

La démesure de ma peur m'étouffait, mais la mesure de mes moyens m'accordait un peu de répit sans jamais me guérir totalement. Je suis morte d'aimer trop les drogues. Je suis morte d'avoir eu peur du noir toute ma vie.

La dépendance à l'alcool ne m'a jamais attirée dans ses effluves, les médicaments de l'époque étaient mal dosés et portaient à ne plus pouvoir se passer du calme de l'esprit. J'étais droguée par assistance médicale mal réglée.

J'étais dans un cercueil de pierre quand j'avais la drogue, et je ne sentais plus les douleurs du corps et de l'esprit. Je sollicitais le calme par désir d'être calme en dehors des autres. Les autres se croyaient obligés de m'écouter déplorer ma situation et j'en abusais. J'avais aussi cette drogue de l'écoute des autres. Les autres se donnaient le temps de m'attendre pour me voir remonter sur scène, là où j'étais vivante, même droguée, jusqu'à la dernière fois où je n'ai pas pu arriver à le rester jusqu'à la dernière note. J'en étais mortifiée, et je n'ai pas cru du tout à la force de caractère qu'on disait pouvoir vous aider. J'étais à bout de force de tout caractère, et plus encore de vivre telle une loque humaine. J'avais honte de montrer ce visage de femme malade. Malgré tout, je voulais vivre mais pas comme ça. Avec ma mort, je n'ai pas compris tout de suite que je vivais en dehors de la vue des autres, puis ensuite j'ai écouté l'autre personne que je connaissais depuis mon enfance, et qui ne comprenait pas pourquoi je lui en voulais autant. Elle m'a regardée, puis elle s'est évanouie je ne sais où. Ce n'est qu'en m'éveillant enfin à l'amour divin que j'ai connu les réponses.

La première personne à qui j'ai parlé après mon décès, c'était à toi, Maddly. J'avais besoin d'en parler de cette fois où, au Brésil, tu étais dans un groupe de gens qui s'intéressaient à la vie après la mort, et tu as eu la grande surprise d'être appelée par un homme qui disait ton nom sans te connaître, en précisant qu'une femme qui s'appelait Édith Piaf voulait parler à cette personne. Tu t'es présentée, et je t'ai donné ce message que j'entendais en moi : *N'arrête pas. Fais tout pour me rejoindre, je serai là.* J'avais cette lettre gravée en moi, et j'étais encore moi-même sous le choc de ces mots que je te disais, mais il n'y avait personne pour me les dire devant moi, juste le son de la voix qui répétait cela en moi. J'avais une vague idée d'encouragement, mais pas du tout celle d'aller au but que tu poursuivais. Il m'a fallu décider d'aimer en Dieu pour comprendre qu'en te relayant cette parole entendue en moi, tu pouvais comprendre que tu étais sur la bonne voie. Tu as semblé complètement rassurée de croire à la présence de Jacques auprès de toi, en te disant qu'il était bien exact que la mort n'était pas une fin. Mais tout en faisant la messagère, j'étais loin d'être complètement sûre de ma sensibilité à entendre ce que j'entendais.

J'ai alors pris soin d'être à l'écoute des phrases qui sonnaient en moi, et j'ai aussi forcément entendu quand tu as décidé de valoriser l'amour pour les autres. J'étais constamment avec toi, du fait qu'on m'avait donné ce message pour toi à des milliers de kilomètres de là où tu vivais, et sans que personne dans ce pays ne te connaisse. Il m'a semblé important de te rappeler cet épisode, parce qu'il met en évidence que l'on est toujours accompagné par ceux qui nous aident à retrouver le chemin d'aimer. Ce qui est difficile pour nous, les humains, c'est de se sentir aidé alors que cette aide ne cesse jamais. Par désir d'aller jusqu'au bout de ta conviction qu'il y avait autre chose après la mort, tu as pu reconnaître les signes qui étaient posés sur ta route. Toi seule avais compris à quel point il était précieux de recevoir cet encouragement à l'autre bout du monde où tu vivais, et personne n'a pu t'accuser d'avoir triché, ou même de t'être illusionnée sur ce que tu vivais déjà depuis plus de dix ans après le décès de Jacques Brel, avec qui tu demeurais toujours. Ce qui était étonnant, c'était qu'en entendant ton nom en moi, j'étais sûre qu'il s'agissait de cette femme qu'on avait vue au bras de Brel. Pourtant j'étais déjà morte quand vous vous êtes connus. Cela m'avait d'autant plus marquée qu'il n'y avait pas d'atome crochu entre Brel et moi. Mais voilà qu'il y avait cette femme avec lui, qui ne s'intéressait pas au chanteur mais à l'homme. Je me suis laissé faire dès lors que je lui avais transmis le message. On n'a pas idée de ce que, en mourant, nous sommes vivants et aussi perdus parfois que les vivants visibles. Notre invisibilité est la seule chose qui soit vraiment handicapante pour les vivants, parce que nous, nous voyons tous les vivants croire que nous sommes sans vie et donc sans moyen d'intervenir dans leur vie. Ma croyance en Dieu qui était sur la Croix était très orientée sur l'Enfant

Jésus, mais je ne saisissais pas comment sa mère pouvait être restée vierge. Seulement j'étais une enfant de la rue, et j'avais besoin d'un soutien pour m'empêcher d'aller droit au désespoir. On s'accroche à ce qu'on peut, et moi c'était Jésus.

***

J'ai composé ces poèmes et je n'ai pas dit mon dernier mot :

D'où sors-tu la vie
Pour avoir tout en toi
Pour donner tout de toi
À chacun, chaque instant,
D'où sors-tu la vie
Pour m'inonder de lumière
Pour me danser l'amour
Comme personne avant toi ?
Longtemps j'ai erré
Dans la quête d'aimer
Un peu beaucoup passionnément
Un peu beaucoup passionnément
Un peu beaucoup passionnément.
Si tu m'avais dit
Qu'il n'était pas amour,
Ce qui se disait
Un peu beaucoup passionnément
Un peu beaucoup passionnément
Un peu beaucoup passionnément.
Aimer, c'est aimer
Ta lumière le dit,
Ta lumière le chante,
Ta lumière le danse
Avec toi la vie,
J'ai l'amour en plus

Et je te le dis
Et je te le chante
Et je te le danse
Comme tu me le donnes.

***

Si j'avais pu écrire toutes mes chansons,
J'aurais fait l'amour à tous les passants.
L'amour que j'aurais pris en moi seulement
Pas l'amour que j'aurais pris aux gens.
Donc c'est déjà plus sûr d'écrire l'amour qui est dans son cœur
Que vouloir l'amour dans le cœur des gens.
Vouloir leur amour, c'est voler l'amour
Quand on a tout l'amour déjà dans son cœur
Et dans le cœur des gens.
C'est si affligeant de voler l'amour
Quand on a tout l'amour déjà
Dans son cœur et dans le cœur des gens.
Comme ce serait doux d'aimer en aimant l'amour
Que l'on a dans le cœur des gens.
Comme ce serait doux d'aimer
En aimant par l'amour qui est dans le cœur des gens.
C'est si bon matin que j'ai dit : j'aime
Et tous les passants m'ont dit :
À l'amour que tu donnes aux gens !
Je me sens si libre dans cet amour divin !
Je crois que j'aurais pu y croire
Si jamais on me l'avait dit.
Laisse la vie divine te donner l'amour
Pour aimer les gens, aurais-je dit au passant
Laisse la vie divine nous donner l'amour
Pour aimer les gens, et les accepter
Comme sont les gens.

***

Souvent, j'ai erré loin de Dieu
Souvent, j'ai perdu sa trace
Souvent, j'ai pleuré
Souvent, je me suis laissé emporter
Par les lampes des hommes qui n'éclairaient pas,
Par les lampes des femmes qui ne voulaient pas
Aimer dans la lumière divine en soi.
Souvent j'ai erré et loin de Dieu je suis restée
J'ai fait mes bagages dans les temps des massacres
Des amours qui ne m'attendaient pas.
J'ai dit que j'aimais sans même me sentir là.
J'ai fait la femelle parfois.
Je m'en souviens, dis,
Je m'en souviens si bien.
Mais comme j'ai fait, j'ai fait
Et je n'ai pas d'attitude qui ne m'allait pas mieux
Que le vent des solitudes
Où je restais la nuit.
C'était blanc dans ma vie, les heures qui défilaient.
C'était curieux aussi de voir que je veillais sur moi-même
Comme un homme que j'aurais inventé.
Mais cet homme, c'était moi et je n'y croyais pas.
C'était malchance pour moi que de vivre dans cette peur.
C'était dans ma folie la peur de n'être pas la femme
Qui avait l'air de n'être pas seule
Et j'ai fait des envieux et j'ai fait des misères
Mais j'étais si mal de vivre cette peur
Qui m'étouffait, qui n'arrêtait pas
Comme je l'écris là.

***

La vie m'a réservé nombre de surprises. J'étais assise dans le salon de mon éditeur Christian Pirot, qui avait suivi de près mon enseignement, et qui n'avait aucune réticence à écouter ce que j'entendais en moi-même. Il était en train de me donner la liste des chanteurs sur lesquels il voulait avoir une étude par différentes personnes de la vie littéraire ou journalistique. Lorsqu'il prononça le nom de Dalida, tout de suite je lui dis : c'est moi qui vais faire cet article. Autant j'étais placée pour parler de Jacques Brel, ce que j'avais fait pour lui dans un article précédent, « Jacques Brel ou l'amour fou », autant il ne me voyait pas du tout écrire sur Dalida. Alors je lui répondis dans la même foulée : c'est elle qui me le demande, pour qu'enfin on l'entende comme elle se sentait réellement. Et c'est ce qui fut fait. Dalida parla à la troisième personne comme si c'était moi qui parlais d'elle : *Dalida face à son destin*. J'ai signé pour elle, parce que ce genre de livre n'admettait pas l'intervention des décédés. Ici, elle peut reprendre le « je ».

Dalida

Lorsque j'ai réalisé que j'aurais tout sur scène et rien en privé, je m'attendais à mourir étouffée d'un moment à l'autre. Quand j'ai cherché ma lumière avec l'homme indien, j'ai compris que tous ces exercices de méditation n'allaient pas avec ma vie de chanteuse. C'était soit chanter, soit méditer. Il croyait que je lui demandais la permission d'arrêter de chanter en public et de chanter en ashram avec les adeptes. Ça m'a énervée. Ce n'était pas ce que je voulais. Je voulais comprendre pourquoi j'étais si mal dans la vie de tous les jours. Chanter me faisait oublier que j'étais mal. Que j'avais mal que les autres n'acceptent pas que j'aille mal. J'avais tout. Tout, c'était argent, maison, famille. Lorsque mon père est mort et qu'il n'a pas pu m'accompagner dans ma jeunesse, cela m'a durement perturbée. Une femme dans l'histoire de ma vie a compté à un point insensé, sans que personne ne l'ait jamais su. Elle m'avait prédit que je ne trouverais pas l'amour. Elle m'a détruite. C'est pour cette raison que je voulais conjurer cette prédiction. Lorsqu'un homme portait un regard intéressé sur moi, j'avoue que je voulais croire qu'elle s'était trompée. Si je dis que je voulais avoir l'homme unique, c'est pour faire un compromis en préférant une personne seulement pour avoir cette chance. Quand je dis que je ne voulais pas me galvauder, c'était pour donner une chance à cette possibilité d'avoir au moins une personne qui m'aimerait. La famille n'en a jamais rien su, mais j'avoue que de se savoir condamnée à ne pas pouvoir être aimée donnait envie de mourir.

Le suicide n'est pas à mon avis une solution. J'ai pleuré pour mes amants qui ont choisi cette radicalisation, pourtant j'ai fait le même choix. Pourquoi ? Parce que traîner seule jusqu'à la vieillesse ne m'enchantait pas. Calmants et excitants ne font pas bon ménage. Les calmants que je dosais pour dormir étaient plus près de la mort que je ne le désirais. Comme ça, je mourais réellement chaque soir. J'ai dormi parfois. Ce n'était pas drôle tout le temps de voir que les autres dormaient en connaissance de cause, moi, je m'affolais et prenais des somnifères, pour sombrer et non pour dormir. La dose que j'avalais chaque soir était juste dans la mesure où je sortais à peu près bien de mon coma de nuit sans sommeil. Calmants et excitants, excitants et calmants. Soir après soir, jour après jour.

Ma mère était mon réconfort. Malgré cela, j'ai fait une tentative de suicide sans me dire que j'allais peut-être la rendre folle de chagrin. Elle avait lutté pour nous élever, nous nourrir, et je partais sans dire : *Pardon du chagrin que je t'inflige, mais je ne sais pas faire autrement.* Heureusement que j'ai raté mon coup cette fois-là. J'ai pu voir le chagrin que moi, sans aucun doute, je lui aurais infligé. Sauf que je l'ai rendue inquiète pour le restant de ses jours. Tous les autres aussi, d'ailleurs, se sont sentis trahis, même s'ils ne me l'ont pas reproché, ils ont subi ma tentative sans avoir pu intervenir avant. On ne se rend pas bien compte de notre égoïsme. On se dit que l'on va mal et que les autres ne peuvent pas comprendre. S'ils comprenaient, cela ne dit pas qu'ils auraient la solution pour nous sortir de ce mauvais passage. Volontairement, cette dernière fois, j'ai pris soin d'enjoliver la chose avec cette mise en scène, pour qu'ils aient une belle image de mon chagrin de ne pas avoir trouvé l'homme de toute une vie. Oublions cela, me disais-je parfois, mais dans le moment où je me disais cela, j'étais si bouleversée qu'il me fallait trouver sans tricher une autre façon de m'en débarrasser à jamais. L'acte de se suicider disait que je n'avais rien trouvé de plus radical pour oublier de n'avoir pas fait l'amour comme j'aurais aimé l'avoir fait, ne serait-ce qu'avec des moments de moindre amour, mais d'amour tout de même. J'étais constamment en train d'évaluer les risques de tomber amoureuse d'une personne qui n'aurait pas d'amour pour moi. Mes franches rigolades, je les devais à ceux qui m'aimaient tendrement sans me demander autre chose que moi-même. Pourtant, j'ai fait le saut sans les prévenir, afin qu'ils ne m'en dissuadent pas.

Le courage de rester à aimer m'a manqué. Et je me suis sentie soumise aux hommes qui ne m'aimaient pas pour celle qui était dans leurs bras, mais pour celle qui était sur scène. Et j'en ai fait tant de cauchemars que j'en ai été assombrie. Et là, le suicide m'a paru être la délivrance. Thèse et antithèse sur le suicide sont récupérées par les psychiatres et ne parquent pas dans la réalité. Les psychiatres disent : *Vous êtes suicidaire, donc vous allez un jour ou l'autre vous suicider.* Moi qui me suis suicidée, je dis que les suicides ne sont qu'un mal d'être aimé et que les suicidés ne sont pas suicidaires, mais choisissent le suicide comme fin à leur souffrance de n'être pas aimés.

Les solutions sont les mauvaises habitudes de critiquer le suicide, car on est pris par le désir irrépressible de sortir de la souffrance de n'être pas aimé. L'enfant comme l'adulte.

Le regard des autres sur le suicide ne comprend jamais que les portes du cimetière n'entrent pas en ligne de compte. La souffrance est l'entrée dans le cimetière. Alors sortir de la souffrance, c'est sortir des décombres du cimetière des ombres qui sont à nous épier et à réactiver notre souffrance.

L'une des raisons pour lesquelles j'ai renoncé à participer à la vie des autres qui m'entouraient est l'envie d'être totalement entendue comme je vivais de l'intérieur. La scène était tout extérieure et la femme dans la chanteuse en souffrait. J'aurais aimé dire qu'on m'a adorée et que j'en étais heureuse, mais c'est faux. J'avais envie de connaître pourquoi j'étais dans des histoires toujours sans issue qui m'enlevaient le goût de continuer à vivre ainsi. J'enviais les personnes qui riaient de bon cœur pour un oui pour un non, et qui ne se souciaient pas du lendemain. J'étais bouleversée de n'être pas entendue dans ma douleur de femme qui ne trouvait pas d'homme aimant à aimer Yolanda. Je courais après cela. Celui qui aurait pu m'accompagner longtemps, en tout cas, s'est donné la mort par dépit d'être seulement l'amant de Dalida. J'aurais aimé qu'il sache que Yolanda aimait d'abord et que Dalida se contentait de rire avec lui sur scène. Le jour de son suicide, j'ai cru que j'allais le suivre, mais les autres m'ont happée afin que je ne fasse pas de bêtise. Après je n'ai eu de cesse de comprendre le suicide d'une autre manière que celle communément admise : n'en pouvoir plus de vivre ainsi que l'on vit. Je voulais trouver une autre raison valable de s'absenter de sa vie que le fait de n'en pouvoir plus, mais c'est toujours le cas. On se suicide pour une raison simple, c'est qu'on n'en peut plus de vivre comme on vit. Alors dire qu'on a eu de la faiblesse ou du courage n'a rien à voir là-dedans.

La dépendance à la vie publique montre une incapacité à vivre l'ordinaire, qui reste pourtant le lieu des transformations intérieures. Je n'avais pas envie de vivre uniquement sur scène, je voulais connaître le bonheur d'aimer une personne qui m'aimerait sans me dire de chanter pour elle.

On ne se rend pas bien compte de notre égoïsme. On se dit que l'on va mal et que les autres ne peuvent pas comprendre. S'ils comprenaient, cela ne dit pas qu'ils auraient la solution pour nous sortir de ce mauvais pas.

La souffrance s'installe progressivement dans le corps par des manques d'appétit et des douleurs au ventre, puisque les gaz s'invitent dans les espaces de tourment de n'être pas dans l'évidence d'une vie belle avec l'homme qu'on aimerait aimer. On ne se doute pas de la douleur qui vous prend au ventre, et qui n'est pas visible quand on assume un spectacle de bout en bout, en riant et chantant comme si de rien n'était. J'ai reçu des dizaines de fois des coups de poignard dans le ventre pendant que je chantais. Les gens ne pouvaient que me voir sourire avec le spectacle réglé pour mettre en valeur la chanteuse, et la femme restait sinistrement triste derrière la vedette. On ne comprend pas le geste des suicidés. On dit qu'ils n'avaient qu'à demander de l'aide, mais les aider c'est arrêter de souffrir ainsi qu'ils souffrent. Il n'y avait personne au monde pour pouvoir arrêter la souffrance de mon ventre de femme malmenée par les échecs sentimentaux. Je ne parle pas d'amour éternel. Je pose seulement l'amour d'un homme et d'une femme qui ont de l'attirance l'un pour l'autre. La guerre des artistes est d'essayer de se maintenir droit devant le public qui est venu pour se distraire. J'ai rêvé de rire vraiment et non de devoir rire pour la scène. La désespérance n'est pas de ne plus espérer, c'est ne plus avoir le goût des autres. Le cœur plein de désir de ne pas décevoir le public, j'ai tenté de montrer que j'avais un regard personnel sur les autres en chantant des chansons que personne ne voulait m'entendre chanter, car elles ne me ressemblaient pas. Elles ressemblaient à Yolanda, et enfin je me suis sentie apaisée, mais c'était déjà trop tard. J'avais accumulé trop de souffrances qui ne pouvaient que me pousser à dire : Ça suffit, stop ! Je ne veux plus souffrir ainsi.

L'abandon de la vie est sans effet sur l'existence. On meurt de ne pas pouvoir être heureux comme on le désire, mais le décès n'éloigne pas de l'ordinaire des vivants. On demeure dans la connaissance de ce que font ceux qu'on a aimés, connus, admirés ou détestés. J'en avais gros sur le cœur de n'avoir pas réussi à me soulager seulement en chantant, car tout le monde autour de moi n'avait qu'une idée en tête, me rendre heureuse. Mais moi, le bonheur, j'en avais une autre idée et elle ne concernait pas la scène. On pouvait me faire chanter des heures entières, cela n'était jamais être amoureuse de l'homme que j'aimais. Voilà l'intention de vivre qui me plaisait. Être amoureuse et le rester toute ma vie.

Une midinette n'aurait pas demandé autre chose. Mais en amour, n'en sommes-nous pas tous là ? On pleure d'avoir à renoncer à la personne qu'on aime et qui ne nous aime plus. On rêve d'avoir l'amour éternel, mais on n'a aucune idée de ce qu'il est ni d'où on pourrait le trouver. On pense que c'est au fil de la vie et on s'attend à ce qu'il surgisse un jour de mai. Ou on n'a pas envie de rester des années encore toute seule, et on choisit d'en finir une fois pour toute. Mon patron, en fin de compte, c'était cette désespérance qui m'habitait et qui n'avait de cesse de me montrer qu'une fois sur scène, j'étais comblée par l'ivresse que me procurait le fait de chanter pour des gens qui aimaient être là à m'écouter. Et cette désespérance qui, dès le rideau tombé, prenait possession de toutes mes pensées. On vit de ce qu'on est et on est ce qu'on vit. Mais qu'est-ce qu'être ? Voilà ce qu'on n'a pas demandé à celui qui a lancé la phrase. Le savait-il à cet instant où il a prononcé cette suite de mots ? Non. Sinon, il nous aurait fait l'immense joie de nous aider à aller droit au but.

Les philosophes sont des rameurs qui n'arrivent jamais au but. Ils rament tous azimuts et affectent d'apporter une nouveauté à la vie des gens de leur époque. Malheureusement, pour les gens de l'époque où ils inventent leurs théories, ils n'ont pas vu d'autre résultat que d'avancer jusqu'au siècle suivant. Une sorte d'approche identique, mais pas tout à fait, si on tient compte de cet aspect sous-jacent qu'on n'avait pas identifié auparavant. J'étais comme ficelée dans un désir d'être capable de comprendre les théories développées dans des codes d'appréciation de l'âme humaine, et sans me défaire d'un complexe d'infériorité, j'étais consternée par ce qu'on entendait par talent philosophique. S'il fallait être conscient de l'âme et de l'esprit pour trouver la réponse à l'existence, comment pourrait-on se persuader de continuer à vivre sans cette connaissance ? Une personne comme moi, qui n'était pas moins habile à dénouer les faux-semblants qu'un philosophe perfectionné dans l'art de discuter les théories des uns et des autres en philosophie, pouvait enfin comprendre qu'il n'y avait pas de maître à suivre, mais qu'il fallait se trouver une chose qui puisse combler tant bien que mal les chagrins qu'on sentait constamment en soi.

Une fois qu'on m'avait mise dans les mains d'un gourou, et qu'on s'était ensuite vanté de l'avoir fait, j'ai seulement pensé qu'on était vraiment tous des charlatans. Charlatans d'oser dire qu'on détenait des méthodes pour le mieux-être. Charlatans qui donnaient des conseils sans aucune portée immédiate dans le chagrin qu'on ressentait perpétuellement. Charlatans qui décidaient qu'on était prêt ou pas à guérir. Charlatans qui menaient les autres à lâcher leur métier pour les tenir dans des centres de rééducation de l'âme. Il m'a fallu aller jusqu'en Inde pour me rendre compte qu'on se fichait de moi, et qu'on voulait des miracles là où il n'y avait rien d'autre à faire que de prendre son mal en patience. J'avais pris ce mal en patience si longtemps qu'une fois sûre qu'on ne me sortirait pas de là, puisque moi-même je n'avais pas les moyens de m'en sortir, j'ai décidé d'en finir.

L'imprévu était qu'en me voulant définitivement hors de la vie, j'ignorais qu'on ne le pouvait pas. J'étais censé n'être plus présente, et j'étais pour ainsi dire plus vivante qu'avant mon décès. J'avais, par mon acte regrettable pour ma famille, tout de suite eu la vision de leur chagrin et de leurs pensées. Et j'étais touchée par l'inquiétude qu'ils n'avaient jamais cessé d'avoir pour moi, quand j'essayais d'éviter de les envahir avec mon désespoir. Ils étaient surpris du moment, mais pas véritablement de l'acte. J'avais fait déjà cette tentative pour m'extraire de la vie. Mais cela ne m'avait pas appris qu'on ne solutionnait pas son mal-être en agissant de cette manière. Morte, j'étais enfoncée dans la consternation d'être vivante et personne pour m'entendre le hurler. J'étais enfermée dans la poitrine des autres. J'étais mise à l'épreuve de ne plus être désespérée à cause du chagrin de n'être pas aimée, mais parce qu'on ne me savait pas en mesure d'entendre les vivants. Qui aurait pu penser une telle chose ? Qui pouvait le dire sans qu'on lui rie au nez et qu'on le renvoie à ses hallucinations ? Qui aurait le courage d'insister et d'aller au-delà de cette connaissance, de fouiller l'espace des morts pour en comprendre l'origine ?

La plupart des individus décédés tournent dans l'histoire qu'ils ont vécue et restent à tourner ainsi fort longtemps, du temps terrestre. Mais il se peut qu'on puisse écouter les aides qui ne cessent de se diffuser en nous, et c'est le réveil du décès. C'est une décision difficile à prendre quand on n'a pas quelqu'un sur place terrestrement, pour nous aider à écouter l'aide qu'on reçoit à tout instant en nous-mêmes, et qui est directement reliée à Dieu-amour-même. On peut rire des gens qui disent parler aux décédés, dans la mesure où ils n'ont qu'un aperçu de la réalité qu'on peut atteindre après le décès. Celui qui meurt n'est pas accueilli par d'autres que ceux qui sont décédés comme lui. Il faut vouloir sortir de cet état d'impuissance de toucher les vivants efficacement, en écoutant en soi-même ce qu'est réellement la mort, et prendre la décision d'ouvrir son cœur à tous ou ne pas la prendre, exactement comme dans la vie terrestrement vécue. On n'a pas de vocabulaire pratique pour dire qu'on est visible dans un corps ou invisible dans tous les corps humains. On n'a pas de moyen d'utiliser vivants et morts sans préciser qu'on reste vivant de toute façon. Il n'y a pas d'autre mot que vivant et mort, ou décédé, mais cela ne suffit pas pour décrire toutes les consciences qui sont dans cet état de mort-décédé et vivant.

L'histoire de chacun dépend des histoires précédentes, et aucun conseiller en bien-être n'est capable de vous donner des informations sur les vies précédentes. Il ne s'agit pas d'avoir le don de lire dans les vies antérieures, mais d'aller dans l'intention des vies pour en tirer les conseils de réajustement à l'axe d'aimer l'humanité.

Le plus difficile n'est pas d'écouter les autres face à soi, mais de parvenir à les comprendre. Alain Bashung portait son chagrin devant lui, et pourtant il n'en a jamais parlé directement. Quand, après le décès, on parvient à se réveiller en l'amour-même-Dieu et que l'on parvient à saisir ce que l'on n'a pas pu mener à bien de son vivant terrestre, la guérison n'est pas vaine.

Alain Bashung

L'instant d'après, j'étais là à me tordre de rire d'avoir tant pleuré pour des fadaises de père absent, de mère qui n'osait pas se défendre devant la femme de tête qui lui servait de belle-mère. J'ai ri jusqu'à ce que j'entende mon pote Gainsbourg m'assurer qu'il n'y avait pas de fumée sans feu. J'ai alors cherché la fumée.

L'enfantement de l'amour est placé au centre du cœur des hommes, et les hommes le cherchent dans l'existence factice des rêves de gloire et d'amour éternel avec une personne, et pas avec toute l'humanité.

Les cancers n'ont rien de mortel. Ils sont simplement l'appoint nécessaire pour arrêter les nocives décisions d'accorder sa vie à l'imbécillité d'avoir de la haine en soi pour ceux qui ne vous aiment pas comme vous voulez être aimé.

Mais soi-même, on ne sait pas comment on voudrait être aimé. On rectifie le tir d'événement en événement, sans faire que l'ensemble corresponde à ce qui serait être aimé d'une autre personne. La chose majeure pour moi était de m'abstenir de me faire tout le temps avoir par des idées noires. Malgré tout, quand je me revois assis dans un coin de bar à côté de Gainsbourg, c'est bien ce que lui et moi étions en train de broyer : du noir. J'étais persuadé qu'on pouvait oublier d'avoir des cauchemars et se tourner vers une façon de vivre basée sur son envie d'être vraiment amoureux de la vie. Mais en me lisant mon parcours de vie, ainsi que je le fais à présent, je ne vois qu'une déception traquant la vengeance par le succès. Rien d'autre. Et voilà qu'on n'a pas d'envie de vivre seulement de succès qu'on doit forcément renouveler. Tantôt on traque le succès, tantôt on trouve cela vain, tantôt on meurt d'espoir déçu. J'étais dans l'espoir déçu en permanence. Parce que même le succès ne me donnait qu'un sentiment de parvenir à l'instant où il faudrait recommencer à me livrer à quelqu'un qui ferait des chansons de mon idée. Et me laisserait frapper mon cœur déçu contre son air de me prendre pour un crétin. J'avais honte de moi quand j'étais seulement chanteur, quand j'avais lâché bêtement à un autre tout ce qui me passait par l'esprit et qui m'appartenait et que je n'osais pas dire, comme Claude François savait le faire, c'est ma vie, je signe.

J'étais rêveur d'écrire mes chansons paroles et musique, mais j'étais timide face à ceux qui savaient le faire sans même avoir à se tordre pour les écrire. Je leur ai donné mes idées qu'ils ont su traduire en chansons, et j'en ai crevé de rage. Maintenant, j'ai seulement le goût de dire des poèmes comme ils me viennent.

***

La mer est lourde de mes silences
La mer est folle de mes doutes
La mer est lasse de mes hésitations
Je suis le fils des hommes qui veulent qu'on les aime.
Je suis le fils de la distraction qui oublie Dieu
Je suis le fils de ma mère
Que je n'ai pas su aimer avec la voix,
Mais seulement aux touches futiles
Je suis celui qui passe son temps à rêver
Je tais mes doutes aujourd'hui

Je traverse les autres sans bruit
Je rêve à l'amour-même où je suis.
Où ai-je atterri, si ce n'est en l'amour
Qu'en moi j'avais fui ?
Nourri des doutes qui m'assaillaient jour et nuit
J'ai transporté mes ombres dans l'idée d'aimer
Et les ombres se sont tues.
La mer est calme dans mon cœur
Avec l'amour que je suis devenu.
Pourquoi ai-je tant attendu ?
Pourquoi n'ai-je pas vérifié
Ma vérité ?
À ma chance d'aimer
À mon désir d'être
À cette douce idée d'être parvenu au but.

***

La dépendance à l'amour des miens n'était pas de les aimer, mais d'attendre qu'ils m'aiment sans mensonge. J'ai pu m'en sortir par la chanson. Comme quoi on n'est pas artiste pour les autres, mais pour se sauver soi. Sans la chanson, je me serais noyé dans le Rhin et j'aurais flotté jusqu'à la mer pour oublier mon chagrin. Avec la chanson j'ai flotté jusqu'à la dérive des alcools et des drogues, et je n'ai rien oublié de mes chagrins. On se pense intéressant les autres parce qu'ils applaudissent à votre performance sur scène, mais ils n'applaudissent que pour oublier eux aussi des chagrins. Ils se projettent dans l'espace de l'artiste pour n'être pas seuls eux aussi.

La dépendance à l'alcool, je l'ai apprise à me venger des mensonges que l'on m'avait faits. C'est réellement la vengeance que je ne pouvais accomplir qui m'a donné l'invitation à boire pour oublier. Une fois qu'on rigole de soi, parce qu'on est stupide de courir après le *je t'aime* des autres, on est enfin délivré. La mélodie du bonheur n'existe qu'en carton pâte. Il n'y a aucune mélodie qui dise le bonheur, mais des livres à compulser pour n'avoir pas l'air trop étonné d'être sans une personne qui dise, quoi que tu fasses : je t'aime. Car dans les livres il y a toujours des histoires de gens qui se mentent, qui se détestent, qui se tuent, et rarement des histoires de gens qui aiment toute l'humanité.

La façon que j'avais de vivre mes chagrins montrait l'erreur de croire à l'imagination que l'on se fait de l'amour. J'étais envieux des « je t'aime, mon fils » que me diraient mon père et ma mère, me regardant avancer dans la vie. J'étais soucieux de parvenir à les reproduire pour mon fils aîné et ma fille cadette. Mais je n'ai pas eu à écouter mon père et ma mère, et ma descendance n'a pas pu être faite dans le désir fou de répéter à mes enfants ce que mon père et ma mère m'auraient dit.

La fortune était de me contenter d'aimer les gens qui n'avaient rien fait pour m'aimer, mais que mon cœur désirait tout de même aimer. J'ai fait ce constat après le décès. J'avais le trac de mourir dans l'enfer de l'accommodement à l'impuissance d'aimer ceux qui m'avaient menti. J'étais anxieux de parvenir à ne pas leur en vouloir, j'ai réussi à m'extraire de cette angoisse seulement lorsqu'on m'a dit que j'allais mourir d'un cancer. Alors, il n'y avait donc plus de raison d'espérer caresser le rêve d'entendre : Je t'aime, mon fils. J'étais soulagé de n'avoir plus à attendre ce qui de toute façon n'aurait jamais pu arriver. La correspondance entre la mort et le chagrin est quasi permanente. On veut mourir parce qu'on a du chagrin. On a du chagrin de mourir sans avoir été connu de ceux qui nous ont aidés à naître pour chercher l'amour éternel. On ne sait pas qu'on a des parents de compagnie pour naître, et non des personnes qui nous doivent de nous aimer obligatoirement.

L'instant où l'on se croit aimé de ses parents, on se prend pour Dieu. Alors qu'il n'y aucune raison, d'abord, que l'on soit aimé des parents, ils ne sont que des passages par lesquels on naît. L'amour est à accompagner en soi et n'a pas de préférence. On vit à l'envers de ce que l'on est venu accomplir. Quand je vois les gens courir après ce après quoi j'ai couru, je demande à l'amour en moi de les aider à s'aider à se coucher en l'amour qu'ils ont en eux.

La fougue que je déployais sur scène me faisait penser à l'ami Brel. Elle disait comme lui : aidez-moi à ne pas m'enterrer dans le non-amour des miens. L'artiste cache ses intentions profondes, mais en Dieu elles sont toutes apparentes. La scène m'a aidé à rester sobre le temps que j'étais dans la chanson. Après, je m'asphyxiais de choses liquides et poudreuses. La drogue fut toujours l'initiatrice des faibles. Ils ont besoin d'être accompagnés, mais de foutaises. Ce sont toujours des gens qui n'ont pas envie de se dresser devant les difficultés et qui prennent tous les prétextes fumeux pour se donner le droit d'être faibles. L'arche d'alliance est en chacun. Personne n'est voué à la grande passion d'être faible devant l'adversité, mais a le droit de l'être s'il le veut, sans incriminer personne.

Le cœur battant pour la gentillesse des autres, j'ai pourtant pu me soustraire parfois à des séances de défonce en règle. J'ai écourté mes misères en laissant des gens se perdre derrière moi. Grand tort de me croire mort, pourtant.

La façon de pleurer la maladie qu'on a appelée pour se sauver des misères, des chagrins, montre qu'on ne sait pas ce qu'on demande réellement à la vie. Pour n'être que triste tout au long de sa vie, ne faut-il pas chercher des poux dans la tête de ceux qui n'ont pas envie de chercher les nôtres ?

L'enfer que procure la drogue n'est pas une façon de répondre à ce qu'on a oublié de se rappeler. J'ai été soulagé d'apprendre qu'on n'était pas des faibles uniquement, mais aussi des désespérés de parvenir à aimer l'humanité. La facilité est la drogue. Le courage est d'aimer en soi l'humanité.

Allons dire cela à qui l'on voudra, il nous traitera d'imposteur. Pourtant cela se vérifie en chacun.

L'histoire de ma vie a beaucoup à voir avec les chagrins d'enfant. J'ai remarqué qu'on ne se demandait jamais à quel moment on n'est plus un enfant et à quel moment on devient adulte. À mon heure de dire ma vie, je peux témoigner qu'il n'y a aucun moment où l'on est autre chose que ce qu'on a décidé de faire de sa vie. Il y a des gens qui regardent l'enfant comme une petite chose à protéger. Mais lorsqu'on regarde des enfants dans les yeux, il y a tout le monde qu'ils portent en eux et ce n'est pas alors des petites idées d'enfant devant papa, maman. C'est rude à entendre quand on a des pertes d'enfants en bas âge et qu'on pleure d'avoir manqué dans leur vie le moyen de les sauver.

Mais il n'y a pas de moyen de sauver les autres qui sont responsables d'une finalité qu'ils donnent à leur vie. Cette façon de se pencher sur l'enfance empêche de voir l'indépendance de l'enfant de ceux qui lui ont assuré une filiation d'humain, et non une filiation parentale. L'herbe grandit sans qu'on s'en occupe, mais elle jaunit sous le soleil puissant. L'enfant, pour grandir, a besoin de personnes qui puissent l'aider à traverser le moment où sa puissance n'est pas suffisante pour se nourrir seul. Mais, au-delà de cet accompagnement à la nourriture, il y a déjà dans l'enfant toutes les vies qu'il a déjà vécues, et en germe celle qu'il va accomplir là-même. Il aura besoin, à ce stade de son accompagnement, des données qui lui sont nécessaires pour repérer les traces de ce qu'il veut accomplir. Parfois c'est très clair, parfois ça ne l'est pas autant qu'il le souhaiterait. Et dans ce cas, il vérifie par lui-même certaines des théories qu'il envisage de prouver pour ainsi se repérer dans l'intention qu'il trouve sous ses actes. L'herbe jaunie sous le soleil et l'acte ne sont pas de sa responsabilité, mais de celle du soleil.

Tandis qu'un enfant, tout est de sa responsabilité y compris le choix des parents. Il n'y a pas de parent qui soit descendu des enfants ? Si, bien évidemment, et c'est cela qui fait qu'on a des idées parfois absolument identiques et qu'on se retrouve d'autant plus resserré familialement. Personne n'a toujours les mêmes enfants, ni donc les mêmes parents. J'avais des parents garantis facilement perturbateurs d'un enfant facilement émotif, et je suis parvenu à les renier en bloc, plutôt que d'essayer de comprendre ce qu'avec eux j'avais de lien d'humain. J'étais comme fatigué dès l'âge de dix ans, et j'ai pleuré dans cette fatigue toute ma vie. J'avais des heures de vol dans l'indiscipline et j'étais hardi pour me prouver que je n'avais pas besoin d'eux. Au lieu d'être regardé comme l'artiste chanceux, je me suis voulu malheureux de l'enfance que j'avais eue.

On dit qu'on répond présent dans le malheur pour exister aux yeux des autres et leur montrer tout le mal qu'ils vous ont fait. Moi, j'étais malheureux par besoin de faire chanter ma voix de rocker et ma voix de saint martyr de sa famille figée dans le mensonge. J'étais comme secoué par le cataclysme du mensonge et je ne voulais rien voir d'autre. En lisant ma vie en l'amour-même-Dieu, j'ai vu que j'ai caché à mes amis l'acteur que j'étais, et qu'en réalité j'étais plus surpris d'être rassuré par le succès que je n'ai bien voulu le laisser paraître. J'ai fait l'ignorant d'avoir du succès pour n'avoir pas à montrer qu'en réalité cela m'avait permis de me consoler d'une famille qui m'avait menti.

J'ai averti qu'en étant enfant on se voit parfois dans l'adulte qu'on allait être. J'étais enfant, quand j'ai voulu faire payer à tout le monde les mensonges qu'on m'avait faits et qui m'avaient battu à mort. Ce que veulent cacher les parents, les grands-parents, les mises à l'écart de la vérité dont l'enfant a besoin pour entreprendre son existence. J'étais dans la rage. Et non pas dans l'écoute de ce que, avec ma façon d'ouvrir mon cœur, je pouvais comprendre qu'on faisait comme on croyait devoir faire ; qu'on faisait sous la pression d'autres gens, qu'on faisait dans l'intérêt d'une personne en se sacrifiant ; enfin qu'on n'avait pas les réponses et qu'on se traînait dans des tâtonnements sans fin. J'étais conscient d'être prêt pour le bonheur avec une femme au moins, mais j'ai préféré tout masquer pour rester face au malheur d'avoir une telle famille. Il n'y a pas de temps autre que celui d'aimer, et toute la souffrance peut s'effacer dans cet amour retrouvé en soi-même. Et ainsi soulager les autres du poids qu'on leur a lâché sur le cœur, en n'acceptant pas de les imaginer également ignorants d'eux-mêmes.

***

J'aimais les oiseaux de passage
Qui n'abandonnaient jamais le voyage
Et si long était le voyage
Qu'ils entreprenaient pourtant
Pour aller pondre l'œuf dans la cage
D'une nature à tout vent.
Dans le vent et les ombrages
Je me suis porté enfant
Voir voler les oiseaux de passage
Qui passaient au-dessous des nuages
Et m'enchantaient comme le vent.

***

J'avais des chansons plein la tête, et surtout l'envie de les écrire moi-même, et sans jamais oser m'exprimer sur ce chagrin-là. On se pense idiot de parler de soi parfois, mais en pleurant ses misères dans l'alcool et le tabac, dans la drogue et les nuits blanches on n'y gagne pas. J'aurais aimé dire cela comme je peux le dire là.

Mais dites-moi vraiment quelle différence cela fait, si ce n'est qu'en se voyant exactement comme on a mené sa vie, on ne peut plus pleurer pour ça. Une fois qu'on a retrouvé l'idée de base de toute vie, on se rend compte des malheurs qu'on a soi-même traînés dans toutes nos vies, et c'est cela l'enfer qu'on n'a pas identifié, et non les feux qu'on nous promettait. J'étais dans l'enfer sur terre, d'être si peu soucieux d'une chose qui n'était pourtant pas loin de moi, mais qu'on m'avait si souvent répété être hors de moi. L'enfant qui a souffert d'être rejeté dans la colère d'être né là où il n'était pas attendu n'a pas d'autre choix que d'aller là où il le sera. Mais c'est infernal de voir à quel point on tient à être accompagné, là où on ne vous veut pas. J'étais tout le temps dans cette ambiance d'avoir le sentiment qu'on ne m'attendait pas. Et moi qui n'attendais pas les autres, je ne le voyais pas. On pleure des misères qu'on se fait à soi-même, mais on ne pleure pas les misères qu'on fait à d'autres que soi.

L'enfant que j'étais comprenait les adultes qui n'avaient pas envie d'être chargés d'un enfant comme moi, mais les adultes ne comprenaient pas que je ne sois pas content pour ça. On s'ignore dans l'attitude qu'on a pour les autres, mais on observe bien ce qu'on ne fait pas pour soi. Cela dit, simplement, qu'on n'a pas d'attention quand on agit à contre-courant de l'amour, mais que quand ce sont les autres, on observe tout. Cela rappelle sûrement des propos déjà tenus, mais dont on n'a pas encore dit que cela venait de ce qu'on n'aime pas les autres. Toutes nos vies font mal car elles restent coincées dans ce labyrinthe du non-amour des autres. J'en avais fait tout le tour, et j'étais épuisé.

***

Claude avait peur de vieillir. Nous étions au studio pour un enregistrement et je le voyais soucieux. Je finis par lui demander ce qui le tracassait. C'était parce qu'il avait trente ans, et que pour lui c'était la fin de sa jeunesse. Il débutait la vieillesse, c'était l'approche de la mort. Je ne suis pas parvenue à lui faire entendre que c'était le plus bel âge pour un homme. Mais à l'annonce de sa mort par accident à trente-neuf ans, je me suis dit à cette époque qu'on pouvait sentir les choses du fond de soi. L'annonce m'avait d'autant marquée que j'entendais en moi que la prochaine mort serait celle de l'homme que j'aimais.

Claude François

Bien sûr, j'ai été sous le choc lorsque je me suis vu mourir. Mais tout compte fait, je n'étais pas si peureux de la fin de ma vie comme je me l'étais imaginé. Bien sûr, je manquais ma sortie. J'aurais pu partir après le show télévisé. Ce qui aurait été la dernière émission. Bien sûr, elle aurait été la relique des producteurs. Bien sûr, je serais devenu le top des farceurs qui jouent leur dernier morceau, comme les hâtifs l'auraient sûrement annoncé à grands coups de suppositions arbitraires. Molière de la chanson de variétés : Claude François, pour être mort sur scène comme le grand Molière, et non parce qu'il avait le talent désespéré de ne pouvoir être le chanteur du siècle. Oui, pourquoi pas le chanteur de variétés qui aimait les chansons américaines, parce qu'elles avaient le rythme athlétique qui me faisait laisser mes complexes au vestiaire ? Je voulais absolument être hors des sentiers battus, rythmiquement et aussi dans le choix des textes portés sur le couple, sur l'enfance, sur la jeunesse…

Mes textes étaient tous faits pour me distinguer des autres chanteurs. Si je participais à l'écriture, c'était en ce sens. Pour tout avouer aujourd'hui, je laissais les auteurs penser la chanson et j'y apportais ma façon d'écrire ma vie.

J'étais comme rance de vivre dans l'interaction des médias, et pourtant je n'avais qu'une idée en tête, c'était qu'ils m'invitent à m'installer à la première page de leurs magazines. L'enfer pour moi était d'user des médias et de n'en être pas satisfait. Lorsqu'en me levant le matin, j'étais comme hypnotisé par les nouvelles qu'on pouvait donner de ma personne, j'avais des causes d'énervement qu'il me fallait passer sur quelqu'un. On n'était pas d'entrée en forme le matin, parce qu'on savait qu'en milieu d'après-midi j'allais faire tout sauter si l'on ne me répondait pas comme je le souhaitais ? C'est ce que les autres ressentaient venant de moi.

Mais dans les pensées que j'en avais, j'étais l'homme soucieux d'exposer le meilleur de son talent, qu'il devait cultiver jour après jour pour ne pas se laisser dépasser. J'étais directement en partage entre me laisser dépasser et vérifier qu'on ne m'enlevait rien, et ne pas me laisser dépasser et raconter ma vie tranquillement comme un grand des Amériques. J'étais bien évidemment orgueilleux, mais en même temps j'étais aussi passionné par mon métier. Les personnes comme toi qui ont parlé avec moi de l'évaluation des risques d'être plus ou moins à la pointe des nouveautés à produire sur scène savent qu'en m'inspirant des Américains, j'étais seulement plus curieux de ce qu'on pouvait dire d'autre que la petite chanson française pour minet.

J'étais si maigre qu'on ne me voyait que si j'étais pressé de passer. J'étais si petit qu'on pouvait manger les succès sur ma tête. Et donc il me fallait me grandir dans des manières différentes d'interpréter mes chansons, qui n'étaient peut-être pas les plus étonnantes, mais dont l'interprétation le devenait dans ma tête et donc dans mon style. Une fois qu'on aura fait le tour de mon style, on aura fait aussi le tout de mon grand désir de marquer mon temps. J'ai réussi au-delà de toute espérance et j'en suis ravi malgré tout, pour ce qu'en moi je sentais d'intérêt pour le contentement des autres, et non seulement pour le mien. Tout le monde a donné son avis sur Claude François, et voilà qu'enfin je puis donner le mien.

J'étais coléreux, certes. Jamais parce qu'on n'avait pas obéi, mais parce qu'on n'avait pas dit exactement ce que j'attendais qu'on dise dans une situation donnée. On regarde toujours du côté du manche que l'on tient dans sa main, et me donner la lame pour qu'on me laisse me couper n'était pas ce qui me réjouissait. Aussi, ceux qui m'ont inventé des colères subites sans raison peuvent tout simplement regarder ce qu'ils faisaient, en ne me donnant qu'un faible aperçu de ce qu'ils pouvaient m'apporter, lorsque je les appelais pour leur talent. Fantastique, cette chanson ! Mais sans même me regarder bouillir de rage à entendre ce genre de commentaire, ils allaient m'inventer les artifices d'une notoriété dont, certes, j'étais friand, mais dont les effets n'étaient pas de gueuler après les gens pour seulement me faire les nerfs sur quelqu'un. J'étais dans l'indécision de les virer ou de les amener à me supplier de les reprendre, et j'avais envie de pouvoir recourir à des génies qui me conserveraient toutes les chances de ne jamais craindre de perdre ma place.

Ce n'était pas de les voir se contenter de peu qui m'insupportait, c'était de les voir la bouche en cerise confite me dire qu'ils étaient parvenus à la meilleure version de telle ou telle chanson que j'avais repérée. Toute cette farce, et attrape-moi si tu peux qu'on a dit sur moi, était bien évidemment intéressante à inventer pour se dédouaner d'ignorer complètement ce qui se passait en moi dans ces moments-là, où j'explosais de rage contre ceux qui n'avaient pu m'inventer la chose dont je rêvais avec des collaborateurs – le génie du spectacle.

Les Américains savaient faire cela, et nous étions bien contents d'en avoir des effluves, directement dans les chansons nues qu'ils nous faisaient entendre par voie de 45 tours. Et donc, qu'est-ce qui nous empêchait d'être au moins curieux de savoir comment ils travaillaient ? J'étais comme une éponge quand j'allais là-bas, et quand j'étais bien entouré, j'étais d'instinct saisi d'une envie d'informer le public. C'était cela que je n'avais pu trouver à chacune des collaborations que je demandais, tout au long des quelques années de présence dans le panorama artistique français. Je n'ai jamais pu faire l'homme international comme j'aurais pu l'espérer ; mais déjà n'avoir aucun concurrent sérieux en France m'aidait à vérifier en moi qu'il y avait quelqu'un qui m'appréciait. Voilà ce qu'en quelques lignes je puis dire des grandes évaluations qu'on a pu faire de mon existence de chanteur.

À part cela, mourir n'a pas été surprenant, dans les conditions où j'étais à l'heure où cela est arrivé. J'étais en colère contre moi-même d'être sans nouvelle du talent qu'on me prêtait, et qui semblait stagner dans l'illusion de faire des shows à l'américaine qui n'étaient en réalité que français. Ils soulevaient un enthousiasme que je trouvais superflu, quand je les comparais à ce que j'avais vu aux États-Unis. J'étais au moment de ma vie où les étoiles allaient commencer à s'éteindre, quand d'autres étaient élues du public. Même si l'on m'a vu comme un homme nerveux et intransigeant, j'étais tout de même conscient qu'en restant tel quel, j'allais devenir une espèce de vieux ringard obstiné, avec des valeurs qu'on ne voudrait plus reconnaître comme essentielles. Et qu'on m'aurait donc sagement mis au placard, vieux et sans performance plus ébouriffante que celles où j'étais parvenu à montrer mes facilités d'exécution.

L'humeur du chanteur que j'étais collait à la gratification d'être reconnu comme important aux yeux du public.

J'étais persuadé qu'on allait me jeter comme on l'avait fait pour d'autres, et des sueurs froides perçaient parfois dans mes rêves cauchemardesques qui me montraient ce que je deviendrais sans ces applaudissements propres à toucher mon cœur d'enfant d'Égypte, parvenu en France avec des miettes de pain dans les poches, et ayant dû s'enfoncer dans le travail qu'il aimait jusqu'à s'y perdre. Sans voir qu'il n'y avait rien de plus que des applaudissements qui, effectivement, s'amenuiseraient un jour ou l'autre, à jamais et pour toujours. Je n'avais plus la force de combattre ce stress permanent de la chute à venir. J'étais comme pétri d'angoisse et directement épouvanté d'être dans un état d'anxiété tel qu'il ne pouvait plus y avoir d'autre moyen pour moi que d'inventer autre chose de plus performant. Et quoi ?

On n'envisage jamais de mourir d'incapacité à se renouveler, mais quand on regarde les vies des gens, on pourrait remarquer qu'une sorte de spleen plane en permanence au-dessus de leur cœur. Et en les regardant de l'intérieur, on s'apercevrait des difficultés qu'ils ont à rêver d'être bien dans leur peau. J'avais envie d'être bien dans ma peau de chanteur, mais ma peau devenait déjà fripée, et cela me désolait au point que j'aurais eu le courage de passer sous le bistouri, moi qui avais peur de la maladie. On n'a pas d'autre idée que de réussir sa vie, mais on n'a pas l'idée de réaliser ce pour quoi l'on est sur terre. Alors qu'en allant à ce pour quoi on est sur terre, on peut également arriver à chanter comme on aime chanter, et n'avoir pas peur d'être parmi les has been, les ringards ou les déjà vus.

J'étais bien sûr infidèle à mon histoire d'homme chanteur, puisqu'en me laissant influencer par ma maniaquerie, j'ai plongé dans l'inconnu de la mort. Mais dans le cas d'être encore vivant et de ne rien pouvoir faire pour le dire à ceux qui vous croient mort, c'est encore plus pénible. J'étais mort de chanter en public, mais je n'étais pas mort de ne plus vivre la vie que je découvrais et qui m'invitait à rester vivant sans pouvoir rien en faire. Puisqu'en regardant les autres parler de moi, j'étais dans l'impossibilité d'arrêter leurs erreurs de jugement et ceux qui, s'imaginant être en connexion post mortem avec moi, défaisaient ma vie.

Il n'y a pas d'erreur en ce qui concerne la possibilité des médiums de conjuguer leur sensibilité à l'âme des décédés. Il y a confusion d'information et transfert d'information, dans ce monde d'après le décès qui n'ouvre pas directement en l'amour divin, et qui reste donc dans l'atmosphère des hommes et des femmes de cette terre. On n'a pas d'inspecteur des vérités des décédés ailleurs qu'en l'amour-même-Dieu. Et en ce qui me concerne j'ose appuyer sur le fait que quand on aime en Dieu, l'acte d'interprétation des autres n'est pas possible. Il n'y a pas de jugement de valeur sur les médiums, il y a confusion des intervenants dans la vie des médiums.

La vérité des êtres humains n'est pas ailleurs qu'en eux-mêmes, en Dieu qu'ils peuvent accompagner à leur gré. Ce n'est pas dans l'idée d'être plus performant que les autres qu'enfin je puis m'exprimer dans ma vie d'homme réalisant l'alliance divine. J'aime et n'ai plus l'angoisse d'être seulement vivant et rien d'autre. Hautement apprécié des lumières de la scène, j'éprouve pour cet homme que je fus une sorte de camaraderie d'enfant. J'aimerais lui dire, et c'est ce qu'en moi j'entends : Va, et n'attends pas d'être aimé, tu l'es déjà de toute éternité.

Une chose est sûre, c'est que la mort est inscrite en chacun, parce qu'il y a parfois des épreuves qui vous font ressentir qu'il y a danger pour la vie d'une personne et que vous n'y pourrez rien changer. J'ai été prévenu du décès de Thierry Le Luron au moment où il passait la porte. À la radio le matin même, j'en ai eu la confirmation. Je reste convaincue qu'on parle aux autres au cours du décès, et que ceux qui sont sensibles aux décédés peuvent parfois les entendre. C'était ce que je pensais quand je n'avais pas encore eu mon ouverture en Dieu-amour-même, mais quand j'ai été enseignée, il m'a été précisé que les rêves prémonitoires n'étaient pas faits pour apeurer les humains, mais pour leur faire entendre que les choses étaient déjà faites avant qu'elles n'apparaissent dans le temps terrestre.

Thierry Le Luron

J'étais pourtant un enfant triste lorsque j'étais petit. J'étais toujours à me regarder dans la glace et à me voir si petit qu'il ne me semblait pas que je puisse un jour trouver quelqu'un qui m'aimerait comme j'aurais sans aucun doute tenté de l'aimer. Mais en prenant de l'âge, je me suis rendu compte qu'il n'y avait pas que la grandeur qui comptait, il y avait aussi l'humour qui permettait de se tirer d'affaire. Je me suis mis à écouter les gens parler et à me rendre à l'évidence que je parvenais à les imiter. J'avais mis au point une suite de répliques que je faisais jouer à différentes personnes que j'imitais. C'était plus sérieux que je ne pensais, parce qu'en fin de compte, je me suis retrouvé à imiter des hommes politiques, puis des actrices, des comédiens, des chanteurs avec une facilité dont je ne me savais pas réellement capable.

Le chant que j'adorais est passé à la trappe et personne n'a eu l'air de le regretter. J'ai alors fait des rêves de grandeur et des rêves d'enfant gâté, et puis j'ai sombré dans l'artificiel bonheur d'être reconnu d'un public et des gens du métier et ce fut le début de la fin. Pas une fois je n'ai vu venir l'enfer dans lequel je me suis retrouvé aussitôt après mon premier gros succès à l'Olympia. J'ai fait des overdoses d'applaudissements, puis des overdoses d'infantilisation d'un homme petit de taille, mais si important pour le public français. Et puis je suis resté au milieu de ceux qui se trouvaient bien d'avoir la compagnie de l'intéressante personne que je croyais être. Évidemment, je ne l'avais pas été dès ce moment où je me croyais un homme demandé.

Ce que je ne voyais pas, c'était qu'on m'avait mis dans l'unique endroit où j'étais perdu d'avance : la drogue. J'étais persuadé qu'on ne faisait que s'amuser un peu et que tout rentrerait dans l'ordre dès que l'on serait partant pour une virée sur scène. Mais, de fil en aiguille, les choses se cousaient mal et j'ai dû me rendre à l'évidence qu'on ne s'arrêtait pas quand on voulait de ces mauvaises choses-là. L'invité décès s'est posé sur mon lit un soir de course-poursuite d'amants enivrés par le succès de la veille, et mon sort était réglé. J'étais déjà fini avant d'avoir commencé.

L'incroyable c'est qu'enfant, je ne me voyais pas vivre vieux. J'étais peureux des rides, des cheveux blancs et de la décrépitude. J'avais l'impression que je n'irais pas dans les vieux cinémas regarder les vieux films, pour être assis à côté de vieilles personnes en plein milieu d'après-midi. J'étais donc sidéré que mon vœu de ne pas vieillir vienne me cueillir si tôt. J'étais assez gaillard encore, et je ne me voyais pas encore de nombreux cheveux blancs. Mais sait-on ce qui se passe dans l'instant où l'on fait un vœu ? Il n'y avait personne pour m'entendre pourtant et mon vœu s'est réalisé. Un peu trop tôt tout de même. Avant que je puisse me dire : pourquoi ne pas essayer la vieillesse ? Il n'y avait personne, croyais-je, pour m'entendre, car on sait bien que l'homme sur la croix n'exauce pas les vœux d'enfants peureux de devenir vieux et pleins d'angoisse de mourir.

J'étais dans mon for intérieur, bien en sécurité puisque en ayant du succès – et beaucoup de succès – je pouvais penser rester encore quelques années sur scène.

Mon cœur a lâché et mon nom s'est effacé des frontons des théâtres, et j'étais pourtant vivant dans l'espace que j'avais reconnu comme une sorte d'enfermement dans la mort. On est enfermé dans la mort tant qu'on ne se pose pas la question suivante. Mais on ne la connaît pas. On regarde autour de soi et on ne voit pas qui parle, alors qu'il y a des gens qui parlent et que l'on entend distinctement, parfois d'une façon floue, comme s'il y avait des interférences d'idées qui se chevauchaient, et que l'on devait faire le choix de ce que l'on devrait écouter d'abord pour en connaître davantage sur sa position de décédé vivant. J'étais persuadé d'être mort, comme l'avaient déclaré les autres, et pourtant j'étais en train de réfléchir à la façon de me sortir de la mort. Une foule de choses vous passe par l'esprit, mais rien de probant pour comprendre réellement ce qui vous arrive, entre le moment de vous déclarer mort et simultanément de vous vérifier vivant.

Non seulement vous pensez, mais vous êtes obligé de penser autrement qu'à l'habitude, parce que jamais vous n'avez soupçonné ce qu'était réellement la mort. On vous dit que vous n'existerez plus aux yeux des autres, mais on ne vous dit pas que vous existerez tout de même quelque part où vous entendrez penser les autres. J'étais sensible à tout ce qui se passait de l'autre côté du miroir où je n'étais plus, et personne ne me voyait aussi attentif à ce qu'on disait de moi. Il ne fallait pas demander de penser aux morts, parce que les morts aussitôt peuvent se manifester là où l'on parle d'eux. J'entendais donc les commentaires de ceux qui avaient fait le voyage pour m'installer devant mon décès et m'instruire de ce que j'aurais dû faire ou pas faire pour rester en vie. J'entendais des gens se moquer des hommes d'une arrogance sans borne dans les derniers temps, qui pensaient tromper leur monde en tournant le dos à qui les aimait vraiment, pour s'étourdir avec ceux qui ne les aimaient pas, puisque les mettant au défi d'être sobres de drogue dans des moments d'intense difficulté à rester sobre. Et puis il a eu ceux des anonymes qui ne comprenaient pas ce qui s'était passé, et qui sincèrement pleuraient d'avoir perdu un artiste qu'ils avaient tant apprécié, dans leur besoin de rire un peu pour sortir des problèmes de leur vie quelques instants.

Cela n'est jamais dit que les morts entendent tout ce qu'on dit d'eux. Cela n'a jamais droit de cité en pleine première heure de programme de télévision. On en rit jaune, mais on ne s'arrête pas pour comprendre ce qui se passe après le décès. L'histoire est disponible pourtant en chacun, car chacun mourra un jour. Ce qui est automatiquement lié à la mort, c'est l'humain, et pourtant l'humain n'entend pas ce qu'il est dans la mort. J'étais allergique à la mort des autres parce que cela me faisait penser à la mienne, que je souhaitais plus douce que violente, mais que j'aurais souhaitée plus vite arrivée dans ma vie d'enfant que dans ma vie d'homme. Je commençais à prendre plaisir à vivre mes frasques et je n'avais pas imaginé partir dans le feu de l'action de mon succès. J'étais content d'en être arrivé là. Mais j'étais moins à l'aise de ne pas reconnaître ouvertement le bien que m'avaient fait ceux qui m'avaient permis de débuter dans le métier d'imitateur. C'était une façon pour moi de dire qu'on n'avait pas à tourner autour des gens qui ne vous aidaient que pour s'aider eux-mêmes. Malgré tout, ils avaient pris de leur temps pour que je parvienne à la place d'un artiste que d'autres pouvaient apprécier. Il n'y avait pas à faire de rage du passé, quand ce passé était plutôt décisif pour son avenir. J'étais donc bien arrogant de vivre dans l'opulence sans regarder ceux qui m'y avaient porté. On ne se raisonne pas jour après jour, dès l'instant où on est arrivé là où on ne pensait même pas pouvoir arriver. J'avais demandé au Père Noël d'être plus grand, et il ne m'a jamais écouté. Alors j'étais en droit de me grandir autrement. C'était ma pensée. Je me grandissais de ce que l'on pensait de mon art d'imitateur, et non pas du tout de ce que j'accomplissais en tant qu'homme. J'avais fermé la porte aux gens de mes premiers pas d'imitateur, pour rester pris dans l'ambiance des autres, qui n'avaient rien à perdre en se collant à ma vision des autres. Il n'y avait donc pas de raisonnement d'homme, mais d'artiste imbu de ce qu'il parvenait à faire, et surtout en colère contre son corps qui n'était pas grand et qui l'obligeait à exagérer ses sentiments pour l'autre afin d'être pris au sérieux.

Je voulais donc être pris au sérieux. J'avais manigancé toute cette stratégie d'imitation pour que, aussi petit que je fusse, on puisse tout de même me prendre au sérieux pour une connaissance des voix que je maîtrisais mieux que personne. J'étais arrivé à *mon* but et non pas au but. J'ai cru que je pouvais m'en aller de cette terre, puisque, en me référant à cette manière de parvenir au but de ma vie, j'allais directement me jeter dans la mort pour en finir, et n'être pas vieux et rabougri dans des costumes de scène qui ne fermeraient plus, tant le ventre aurait pris de place. De là venait mon désir d'être petit et de n'avoir pas à grandir dans les espaces d'homme sérieux, mais d'homme enfant. J'avais hâte d'être pris pour l'homme qui avait de l'envergure, si petit qu'il fût, comme ces gens de l'ombre qu'on ne voit jamais, mais qui sont d'une importance capitale pour le cours des événements.

J'étais satisfait de moi quand j'étais sur scène et que l'on m'applaudissait, j'étais dans l'idée d'être en train d'atteindre mon but. Mais j'étais loin alors du but de toute vie. Aller droit à son but d'être pris au sérieux n'est pas aller droit au but de toute vie. Et la mort s'est mêlée de m'enseigner qu'on n'avait pas fini la partie, et qu'être mort, ce n'était pas ne pas vivre. C'est par osmose avec d'autres qui étaient dans l'idée d'être en Dieu que j'ai pu enfin me décider à réaliser le but de toute vie, et non plus seulement le but de mon existence d'artiste. J'ai confondu le but d'une existence personnelle avec le but de toute existence sur terre.

On ne s'imagine pas toutes les données qui viennent se mêler à ce qu'on est en train de vivre, et dont on ne peut saisir la signification d'emblée à cause du voile de la naissance. Une vie d'humain est faite des vies qu'il a menées auparavant, et non pas seulement d'une seule existence de la naissance à la mort, dont on pourrait saisir les circonstances clairement. J'aurais donc fait mon but d'une sorte de défi d'aimer les autres, même s'ils n'avaient pas de considération pour l'homme petit que j'étais, au lieu de ne pas faire grand cas de ma taille et de rester dans l'idée de me référer à l'amour en moi pour toutes les choses de mon existence. On ne mesure jamais les torts qu'on se fait dans les moments d'intériorisation de l'amour que l'on a, et qui pourrait nous aider bien plus efficacement que tout ce que nous mettons en œuvre pour réussir des petits exploits d'hommes oublieux de leur raison d'être sur terre.

Parfois, j'étais si en colère après mon état d'homme petit que j'entamais des farces contre les petits hommes pour qu'on ne me prenne pas de haut lorsqu'on me verrait aussi petit qu'eux. J'avais une vision de moi que l'on ne soupçonnait pas. Je me sentais devenir homme au fur et à mesure que mon succès grandissait. Et j'étais toujours enfant quand j'avais des envies d'avoir quelqu'un qui m'aime.

On ne compte pas l'âge, mais le temps qui passe sans personne qui vous berce d'amour pour vous. J'avais des années passées sans personne et seulement parfois des passagers de la nuit qui s'invitaient à ma table. J'étais devenu si ouvert d'angoisse d'être seul le soir qu'on me remplissait mon lit comme on remplissait un verre de champagne chaud. Il m'a fallu descendre de mes illusions de trouver un jour qui aimer, qui m'aimerait, mais je n'ai même pas eu le temps de descendre totalement, tant le décès s'est présenté rapidement. Rentrer dans l'engrenage de la drogue était ma seule issue pour n'être pas vieux sans doute, mais j'aurais tout aussi bien pu m'inventer d'autres rêves plus lumineux pour accepter la vieillesse avec étonnement. N'être pas content de vieillir, c'est n'avoir pas idée de ce qu'est le temps de la vieillesse. Si l'humain peut vieillir, c'est pour prendre un temps de réflexion avant de partir refaire le plein de réponses à l'existence qu'il devra encore parcourir, tant qu'il n'aura pas trouvé le but à atteindre.

La vieillesse n'est pas faite pour attendre la mort, mais pour réfléchir à ce qu'on a déjà réalisé, et à quoi cela nous a servi de se réaliser ainsi qu'on l'a fait. Autrement dit, à quoi cela sert-il de vivre comme on a vécu ? La question, même si elle ne trouve pas de réponse, permet d'être d'emblée dans ce même raisonnement après le décès, et ainsi de faciliter les rencontres avec des âmes qui pourront nous permettre de saisir ce qu'il y avait à faire de notre vie. Il n'y a pas de raison d'être sérieux dans tout ce que l'on fait, puisque l'humour est dans cette voie ce qui nous aide à rire de nous-mêmes, par vision des erreurs que nous ne cessons de faire, croyant être dans l'intelligence des choses de la vie. Lorsqu'on parvient à rire de soi, et non pas des autres en tout premier lieu, on s'approche des questions essentielles qui permettent de se ressouvenir d'oser aimer les autres, et donc d'avoir une porte ouverte vers le but à atteindre. J'avais l'humour pour les autres mais pas du tout pour moi. L'humoriste rit d'abord des autres avant de rire de soi, et ainsi n'est pas rieur mais désabusé. Pour rire de soi, il ne faut pas avoir peur de se voir agir idiotement. L'instant de réflexion reste d'être capable de se voir pleurnicher pour des petites choses, quand on a des trésors en soi dont on ne fait strictement rien.

J'étais donc fait pour rester grandeur nature en l'amour-même-Dieu, et je me suis fourvoyé dans les dédales des grandeurs mesurables au centimètre près, ce qui n'existe pas en l'amour-même-Dieu. Une autre dimension existe, celle d'aimer les autres sans rien en attendre en retour. Et c'est de ça que tous nous parlons.

Dans le métier des artistes il n'y a pas de personne qui ne soit pas déjà une personne ordinaire avant d'être artiste. C'était cela qui caractérisait Georges Brassens, qui n'avait pas de prétention autre qu'imprimer aux autres l'envie d'être dépositaires d'une valeur ajoutée à leur ordinaire. Il ne demandait pas à être comme Brel, qui voulait aimer les autres, il demandait à être le poète qui porterait une lumière simple aux autres pour les aider à valoriser l'amour des gens plus qu'à l'ordinaire. Il disait des mots que l'on acceptait volontiers et que l'on n'avait pas besoin de graver dans sa mémoire, parce qu'ils étaient en permanence visibles dans sa poésie. L'inquiétude qu'il avait descendait tout droit de ce qu'il ne parvenait pas à comprendre dans la notion d'amour qu'il entendait des autres. L'amour du prochain était comme une sorte de réminiscence de quelque chose à trouver, mais que personne ne semblait pouvoir mettre en œuvre.

Georges Brassens

Les hommes d'Église m'ont toujours fasciné par l'absolue désespérance de leur quête de Dieu. Croire à ce qui n'est pas croyable pour dire être les aimés de Dieu, pour faire tort à ceux qui ne croient pas l'incroyable, est vraiment fascinant. Tous les curés que j'ai rencontrés m'ont parlé de la grâce, et aucun d'eux ne l'avait. Tous les curés que j'ai rencontrés m'ont parlé de la foi et de la lumière en Dieu, mais aucun d'eux ne la possédait, cette foi ou cette lumière en Dieu. Ma conviction aura toujours cours que les hommes des Églises, quelles qu'elles soient, même si cela s'appelle autrement, sont désespérés et impuissants à se consoler de leur désespoir. C'est assez étonnant d'aller à la messe pour se faire voir, dit-on, de l'amour de Dieu. Dès que l'on passe la porte de l'église, il n'y a que des hommes et des femmes agenouillés devant une croix où gît l'aspect de Jésus mort sur la Croix, aspect seulement. À les voir se ressourcer devant cette croix, c'est à se demander si les hommes et les femmes n'adorent pas la souffrance.

Comme j'avais le temps de penser dans ma retraite des lumières artificielles, j'ai compris qu'en quelque sorte les hommes s'affichaient en compagnie de longues files de croyants en Dieu, pour ne pas être reconnus comme des révolutionnaires des lois des Églises. Les Églises édictent des lois que les croyants se doivent de suivre. Ces lois ne sont pas divines, car d'après les mêmes lois Dieu ne juge personne. Donc d'après ces mêmes lois, si Dieu ne juge personne, il n'y a pas besoin de lois. Changer n'aura pas de fin.

Comment dire que l'on croit en Dieu, quand Dieu même ne croit pas en lui, puisqu'il dit des choses incroyables. C'est dans cet état d'esprit que j'avais donc enfermé mon désir de lumière. Quel chagrin plus grand que celui de savoir qu'on n'aura jamais le fin mot de notre présence sur terre ? Et donc, que faire d'autre que s'amuser à écrire des histoires plus ou moins dépendantes de son calvaire d'être là sans savoir pourquoi ?

Qui a dit que j'étais un ours ? Chacun y va de son anecdote sur ma façon de m'enfermer chez moi à double et triple tour. Oui, pourquoi pas ? Vu que l'on n'explique pas le pourquoi du comment à longueur de plaintes de la vie, alors je m'enferme chez moi et pousserai la chansonnette lorsque les pourquoi et les comment voudront bien m'inspirer quelques vers bien sentis.

Cloué à ma chaise, j'attendais la rime qui allait déclarer la chanson terminée. Cloué à ma guitare, j'allumais ma pipe et m'attachais à trouver quelques accords pour conclure l'histoire que j'attendais de terminer lentement. Cloué à moi-même, j'attendais le moment où cela m'aura fait déclarer : en voilà une autre de terminée ! Cloué à moi-même, j'ouvrais le bec pour fredonner l'air que j'entendais sortir de ma bouche, et qui m'assurait qu'il y avait une mélodie pour ma chanson de toute beauté. Cloué à moi-même, j'écoutais l'air qui ferait la chanson que j'aurais à chanter devant les publics qui le souhaiteraient. Cloué à moi-même, j'espérais que cette chanson leur plairait et montrerait que j'aurais des choses à livrer au public qui aimerait mes chansons comme on aime les bonbons. Cloué à moi-même, j'étudiais sans relâche le dictionnaire des rimes pour rimer mes chansons. Cloué à moi-même, j'allumais l'autre pipe pour l'assurance de ma voix, qui n'était jamais là comme j'aimais la trouver. Cloué à moi-même, je touchais au bijou que j'aurais à porter un soir de gala.

Cloué à moi-même, je touchais les publics tout conquis par l'idée que j'avais plongé dans les affres d'un travail acharné pour trouver le sujet et l'idée de comment j'allais l'aborder. Puis, l'air que je cherchais, sans pouvoir me dire que j'avais l'assurance qu'il allait déboucher sur la mélodie assurant qu'elle avait de quoi être la musique qui passait par là, et avait trouvé les lumières allumées, et s'était arrêtée pour pousser l'assurance d'être tout ce qu'on attendait pour habiller les mots que j'avais longuement classés, en sons, en clarté, en curiosités, en épanouissants, en forts en gueule, en corrects, en convenus, en casse-burnes, en courageux, en rieurs, en culottes, en contagieux, en culpabilité, en confiants, en épouvantables, en directorial, en casse-pipe… C'était ma façon de ranger mes rimes et d'étiqueter les consonances des mots, afin d'évoluer dans les situations à mon aise en tâchant de ne pas mélanger les affaires d'amour et les affaires de contes pour adultes. C'est toujours ainsi que je travaillais.

J'étais celui qui s'enfermait, celui qui écoutait ses chansons pour les faire et les refaire encore et encore, celui qui avait des espoirs fous d'être assuré qu'il écrivait correctement, celui qui aimait sans qu'on le sache, celui qui se voulait aimé et qu'on n'aimait pas, celui qui tournait ses assistantes en dérision, celui qui passait pour misogyne et qui n'était pas du tout sûr de son effet sur les femmes, celui qui s'accordait le temps et le réinventait à sa façon, celui qui pleurait de n'être pas Einstein ou Mozart ou Sibelius, celui qui disait que sa liberté d'avoir le temps était son plus grand sortilège.

Lorsque l'on sait que je ne me suis jamais reconnu soucieux d'être l'écrivain des chansons dites de Brassens, j'aurai fait le tour de ma façon d'être seulement un passant par là.

L'histoire de chacun est intéressante, elle note toutes les idées fausses qu'on a traînées de vie en vie et qui ont fini par nous tenir éloignés d'une seule chose importante : le but à atteindre, pour en finir avec ces façons d'interpréter les mêmes erreurs dans des contextes différents. Voilà qu'on se rapproche des informations prises sur des familles d'amitiés qui n'ont rien d'autre à vérifier qu'une similitude d'apprentissage à vivre comme les autres, et rester dans l'erreur de compréhension durant des siècles et des siècles, sans vouloir réellement s'en sortir par une autre voie que celle utilisée couramment.

J'avais demandé une copie du texte que je devais apprendre par cœur, et je l'ai oublié en naissant. Font-ils appel à des aide-mémoire, ceux qui parviennent à se souvenir d'avoir à aimer en amour-même-Dieu ? Évidemment qu'ils se servent d'aide-mémoire pour réaliser l'idée divine. Mais encore faut-il se souvenir de ce que veulent dire les indices qu'on veut retenir pour se ressouvenir du but. On voudrait se faire croire qu'on cherche vraiment les indices pour se ressouvenir d'aimer, mais une chose reste très visible, c'est qu'on cherche d'abord à éliminer ceux qu'on n'a pas envie d'aimer.

Il m'a fallu mourir pour saisir cette donnée dans l'histoire que j'ai tant bien que mal achevée. Je m'inquiétais d'être dans le droit chemin, et j'avais des règles de conduite, très organisé pour n'avoir pas à me reprocher trop de choses. Mais mes règles de conduite, même si je m'en défendais devant la feuille de papier, étaient basées sur la venue des textes du bien et du mal qu'on devait faire en sorte d'accorder ou ne pas accorder à sa vie. L'homme de la rue sait qu'il n'a pas à taper sur l'homme de la rue, sauf si l'homme de la rue qu'il croise lui tape dessus. Mais alors, qu'est-ce que cette autre joue qu'on doit tendre, si l'on est frappé ? On regarde les textes comme de merveilleuses histoires bibliques. Or ils n'ont rien de merveilleux, en dehors du moment où l'on met le mot amour pour tous et toutes de l'humanité. Aussi loin que je puisse évaluer les textes qu'on m'a forcé à lire pour faire ma communion solennelle, j'ai touché plus de mots contraires à l'amour des hommes que de mots passant le relais de l'amour entre tous les hommes. On pourrait reprendre chaque chapitre des bibles et voir à quel savoir on s'est confié pour retrouver amour-même-Dieu. Il m'est impossible d'aller à l'essentiel sans devoir dire la valeur de ce mot utilisé pour dire qu'il y a une chose en tout individu, qui est amour pour toute l'humanité. Dieu, dans la bouche d'un croyant, signifie plein de choses qu'il n'a pas vraiment conscience d'évoquer quand il le prononce. Dieu des hommes et des femmes, de la croyance chrétienne, est-il le même que ceux des autres croyances, on n'a aucun moyen de le savoir, sauf si on les écoute en amour-même-Dieu. L'idée d'une valeur à donner à Dieu est dans l'idée de valoriser sa croyance devant celle des autres. Alors on sublime les mots se rapportant à Lui, pour exprimer une hauteur d'évaluation qu'une autre croyance n'aurait pas signalée.

L'impossible choix de vivre Dieu sans Dieu est ce qu'en la religion de mon enfance j'ai pu couramment constater. Ce qui m'a éloigné d'une foi dont j'aurais préféré m'accommoder, pour n'être pas si timoré dans l'énoncé de ce qu'il me fallait entendre par « amour du prochain ». On regarde dans les églises et on voit des personnes agenouillées sur une barre de bois, s'écorchant les genoux à force d'y rester, et jamais elles ne se relèvent en se disant : mais à quoi cela me sert-il de m'agenouiller ainsi, puisque à aucun moment de ma vie je n'aurai la preuve que cela m'aura servi à quelque chose, et qu'après ma mort personne ne saura exactement me dire ce qui se passe réellement. Puisqu'on n'arrête pas de dire que personne n'est revenu de la mort pour en parler, même si depuis quelque temps des gens disent en être revenus. Mais comme ils ne restent pas mort après cela, on ne sait pas dire s'ils étaient vraiment morts ou si ce n'était qu'un état particulier à sonder, qui ne serait pas exactement mourir. Non. Personne ne se relève du plancher de l'agenouillement pour demander des explications et réfléchir suivant les données, à ce qu'il doit réaliser réellement dans cet agenouillement, ou arrêter de s'agenouiller ainsi pour rien.

Ma foi en Dieu n'était pas sujette à des fluctuations, car j'étais persuadé qu'en m'installant dans l'idée d'une saine vie d'homme, cela me rendait l'existence plus facile. Pourquoi m'agenouiller ? Ça, je n'y ai pas réfléchi, parce que dès ma communion solennelle passée, j'ai dévié vers une vie responsable, et donc pas d'affaire louche, ni de femme talentueuse en amour et fuyante dans l'amour pour l'homme que j'étais. J'avais compris qu'on n'avait pas le choix de garder une personne toute sa vie, et qu'il valait alors mieux éviter les grands discours des *je t'aime, moi aussi je t'aime, et tu n'as pas idée comme cela me prend et là et là et là, jusqu'à ne plus pouvoir attendre de te revoir, alors si on se mettait ensemble pour ne plus avoir à s'attendre, mais remarque qu'on a des occupations différentes qui feront que nous n'aurons pas les mêmes horaires et qu'il faudra bien avoir à s'attendre tout de même. Qu'en penses-tu ?* J'avais seulement fait en sorte de n'avoir pas à dire quoi que ce soit, mais me comporter comme si j'éprouvais quelque chose d'une autre force que l'ordinaire qu'on me voyait fournir aux autres. On n'avait qu'à être observateur et on n'aurait qu'à faire ses conclusions en fonction de ce qu'on pouvait accepter ou pas soi-même.

On m'avait demandé d'être fin observateur et d'avoir les yeux rivés sur ce qui me paraissait à souligner, et j'ai souligné qu'on était toujours malheureux en amour, parce qu'en touchant la main d'une femme on sentait déjà qu'elle était en train de la retirer de dessous la vôtre. J'avais fondé mon existence sur l'interaction entre les gens qui se prenaient pour des intelligents et ceux qui n'avaient pas l'impression de l'être.

Un jour qu'il y avait des orages dans l'air de Paris, j'ai écrit la chanson du paratonnerre. Mais j'avais pris soin de m'enlever l'épine du pied en parlant d'une femme qui m'invitait à m'abriter, et non à habiter avec elle. Un abri est provisoire d'emblée, mais une maison tient de l'habitat longue durée. On n'était pas forcé d'entendre que j'avais pris la précaution de n'avoir pas de vue sur la femme du voisin, mais j'avais suffisamment de raisons de le signaler tout de même, pour n'avoir pas à tourner les pages d'une histoire que j'aurais à réciter à voix basse dans l'une de mes chansons.

J'étais intimement lié à ce que je disais dans mes chansons, et raconter ce qu'on n'avait pas vécu de l'intérieur m'embêtait profondément. Écrire, pour moi, c'était interpréter les choses qui m'étaient venues directement en réfléchissant à la vie. Écrire pour écrire des chansons que je chanterais dans des cabarets ou des théâtres, sans m'investir à fond dans ce que le sujet m'intéressait, il me fallait au moins m'intenter le procès de la sincérité, sinon j'aurais eu du mal à rester chanteur.

L'art d'écrire m'a très tôt passionné. Tourner les vers comme des crêpes qui retomberaient exactement là où elles le devaient, et qu'ensuite on pourrait manger avec d'autant plus d'appétit qu'elles donnaient de leur saveur attendue, m'était indispensable pour continuer à m'épuiser à chercher le bon mot disant l'idée qu'il m'intéressait de traiter. Une fois qu'on me touchait la main pour m'encourager, j'étais content et j'avais hâte de m'y remettre pour satisfaire encore ceux qui aimaient cela avec moi. On n'a pas toujours apprécié ma musique, mais quand je la réécoute, il n'y avait pas autre note que je pouvais mettre là pour accompagner les mots que je voulais précis et précieux d'intérêt pour le sujet. Une personne qui va et vient dans les mots finit par s'apercevoir qu'il y en a qu'elle sollicite plus souvent que d'autres, ou qu'elle a tendance à trop utiliser les mêmes mots. Alors, je traquais les synonymes et figures d'appontement. Je voulais ne pas tourner les vers de la même façon pour ne jamais marquer mon vocabulaire d'une trop grande médiocrité d'invention. On n'a pas toujours un autre mot pour dire au revoir que « à bientôt », ou « à un autre jour », mais on peut tout de même demander à son esprit d'aller chercher des synonymes ailleurs que dans le dictionnaire, et trouver des images qui donnent l'idée qu'on voudrait faire atterrir dans l'espace de la chanson.

Il n'y a pas de place pour l'indiscipline quand on veut réussir une chanson qu'on chantera des années entières, et même des décennies. J'étais axé sur l'acteur de la chanson et non sur l'homme de l'existence. Mon existence n'était pas suffisamment étoffée pour que je m'attarde à la regarder comme une passion de vivre l'ordinaire qu'on m'aurait raconté dans un livre. J'avais plutôt envie d'amitié vraie, et non de charlots qui entraient et sortaient comme des lapins en fuite devant le chasseur. On n'a pas idée d'être toujours en pleine mer avec des yeux toujours fixés sur vous, et de vous regarder dégueuler l'envie de gueuler et n'avoir pas le courage de le faire. Un jour ou l'autre, on relira sa vie, et on s'apercevra qu'on était ce charlot qui embêtait quelqu'un d'autre ? Non. Heureusement qu'en cette fin d'existence, j'ai réalisé après coup qu'une femme m'avait aimé dans l'intimité de mes silences, et qu'elle avait tout fait pour ne pas m'imposer sa peur d'être seule un jour sans mon silence pour la bercer. J'avais des envies de l'admirer publiquement et j'ai fait cette chanson de la poupée devant laquelle j'étais tout petit. Malheureusement, elle n'avait pas encore sonné à ma porte, et c'est rétrospectivement que je la lui ai dédicacée. Une fois qu'on écrit une chanson basée sur une séquence de sa vie, on a du mal à l'enlever de cette séquence. Or il arrive parfois qu'elle s'emboîte tout à fait avec une autre période, qui l'entend d'ailleurs beaucoup mieux. Comme si l'idée venait déjà quand l'histoire n'était pas encore accomplie.

J'étais comme surpris qu'on n'ait pas l'idée de changer de thème à chacune des chansons qu'on écrivait. S'il m'avait fallu dire l'amour d'une femme dans toutes mes chansons, j'aurais alors écrit des poèmes que j'aurais gardés dans mon panier à papier. On s'aperçoit après le décès des réelles pensées des gens pour soi. Parfois, ils sont bien plus aimants qu'on ne le pensait, parfois ils le sont bien moins qu'ils ne l'ont fait croire.

J'étais cousu de fil de louanges dans l'esprit des gens qui m'accompagnaient, mais dire qu'ils respectaient ma vie privée serait m'éloigner de beaucoup de la vérité. Et j'accompagne la vérité, donc cela m'est impossible d'aller sans elle. Toute une journée sans paraître dans l'encadrement de la porte d'entrée était impossible. Alors j'ouvrais une de ces bouteilles de vin qu'on buvait sans soif, et qui tournaient l'heure de se retirer pour couper l'après-midi en deux parties distinctes : une partie en retrait, et une autre en visu. J'étais coupé de mon esprit d'auteur de chanson, quand j'étais en compagnie.

De sorte qu'en me livrant à l'art d'écrire, j'étais Brassens, et en présence des amitiés j'étais Georges. Ou alors Jo, pour les plus calés en diminutifs. Jusqu'à des heures avancées, j'avais le loisir d'être Georges. Mais quant à m'asseoir sur ma chaise d'auteur de chansons, il fallait me laisser tranquille et n'entendre pas me déranger pour rien. J'évinçais les trublions de ma pensée. Et j'avais la chance d'être dépossédé d'une écoute extérieure, dans les moments d'accouchement des vers que je devais aller chercher au fond de mon esprit d'auteur poussant la chanson à sa plus grande volonté d'épater l'auteur, et si possible l'auditeur.

J'avais écrit déjà plus d'une centaine de chansons quand me vint l'idée d'être plus exigeant avec moi que ne le seraient les autres. Si j'avais une cause à défendre, c'était celle d'une vision poétique de tout sujet d'écriture. Il fallait se rendre maître de la situation, sinon, c'est la situation qui allait m'éviter et la rime allait tarder à se présenter pile au bon moment pour faire chanter ma guitare. Il n'y avait pas d'autre moyen pour moi d'écrire que d'être content d'avoir trouvé telle ou telle rime à propos pour diversifier l'angle d'attaque de l'idée.

On n'était pas nombreux à se creuser ainsi la cervelle, pour qu'on ne soit pas qu'un homme chantant accompagné de sa guitare ou d'un orchestre ou d'un piano, sonnant sa façon de traîner les notes ou de les accélérer. Il n'y avait qu'une personne capable de m'interdire d'aller au plus facile, et c'était moi-même. J'avais peur qu'on ne sente pas mon intérêt pour le travail bien fait, et souvent j'étais dans l'urgence de n'avoir vraiment plus rien à défaire pour en être vraiment content. Il faut dire qu'une personne qui chante ses chansons s'expose deux fois dans le même temps. J'étais plus sérieux dans mon écriture que dans mon chant, mais j'avais la même peur pour les deux. Il faut donc se mettre sérieusement au travail pour diminuer la peur, et pouvoir chanter dans l'intention qu'on a décidée en écrivant, et peut-être qu'on pouvait rester longtemps à l'affiche.

Toute mon attention était sur l'effet de mes rimes, et si peu sur l'amour que l'on voudrait voir éclore ici ou là. On se focalise sur une idée phare qui dit notre besoin de reconnaissance, et on en reste là. À vrai dire, j'étais bien en peine de savoir ce que je pouvais faire pour n'être pas qu'un poète cherchant la meilleure rime.

Les passages à vide remarqués dans la vie des gens viennent de ce qu'ils ne se conçoivent pas dépendants d'une connaissance intérieure. Il n'y a pas d'être humain qui ne soit possesseur d'une connaissance intérieure venant du fait qu'en amour-même-Dieu nous sommes tous un. L'esprit n'est pas ce qui conçoit les choses, mais ce qui sert à connaître ce qui est déjà conçu. Il n'y a pas d'être humain plus capable que d'autres, mais il y a des êtres humains qui ne s'attardent pas à se considérer comme incapables de connaître les choses qu'ils ont déjà en eux-mêmes, puisque la connaissance est en chacun et non hors de chacun.

Paul Valéry

L'histoire que j'ai vécue était de l'ordre de la concentration de l'esprit humain. J'étais défendeur d'une théorie qui disait qu'on pouvait être malade de l'esprit mais pas malade du corps, parce qu'en dernier ressort c'était le corps qui portait l'esprit, et quand l'esprit était défaillant le corps mourait. Assurément, cette théorie est fausse parce qu'elle implique l'esprit comme émanant du corps. Or c'est l'inverse qui est la réalité, car c'est par l'esprit que se forme le corps, et la base de cette formation est directement prise dans l'onde humaine qui est de toute éternité en Dieu-amour-même.

J'étais devenu fortement impressionné par les garanties que donnaient les mystiques sur l'invitation à l'imitation de Jésus, mais dans le fond les mystiques n'étaient pas de bons exemples pour connaître ce qu'était réellement l'homme crucifié. Ils n'avaient pas écouté la parole en eux-mêmes, et ils ne pouvaient que se référer à ce qu'ils pensaient de Jésus et non pas à ce qu'avait vécu réellement Jésus. J'étais très intéressé par le mysticisme, par mon étude de la force intérieure. J'étais persuadé que l'humain avait en lui une volonté indéchiffrable parfois, mais qu'on ne pouvait pas toujours nier.

Mon point de vue était qu'une personne voulant réussir à apprendre n'importe quoi pouvait, par sa volonté, se forcer à comprendre en examinant minutieusement toutes les facettes de la chose qu'il voulait étudier. Mais c'était faux.

L'idée divine est la force en chacun, et rien de la volonté n'entre en jeu, lorsqu'en ralliant l'idée divine on parvient à faire des choses qu'on n'a même pas besoin de penser. La volonté est réglée sur ce que l'on désire obtenir, et non sur ce qu'il y a à accomplir pour écouter en soi la connaissance de toute chose. Aussi, faire de la volonté une force dite d'emblée inconstance échoue systématiquement sans l'aide de l'amour des autres en soi-même, c'est-à-dire l'alliance avec l'idée divine.

L'imagination des chrétiens de mon temps était de faire avancer les autres dans la direction du Christ, et de s'en faire un modèle, tout en ne sachant pas exactement ce qu'en lui-même il avait qui était semblable à ce que tous et toutes avaient en eux-mêmes. Mais également ce qu'il fallait rejoindre d'abord pour vivre ce qu'il disait être l'amour divin, et donc l'amour-même-Dieu. C'était intéressant pour moi de conjuguer la force de la foi chrétienne avec la volonté de l'humain, parce qu'en cela je voyais la possibilité d'être capable de vivre cette dimension d'amour pour Dieu. Et donc je me trompais, parce qu'il ne s'agissait pas d'aimer Dieu, mais d'accompagner Dieu-amour-même, et donc d'accorder sa vie à l'idée divine, qui est d'oser aimer tous et toutes de la Terre sans rien en attendre en retour, et ainsi se voir ouvrir la connaissance en soi-même.

Penser que Dieu que l'on imagine est dans les cieux n'est pas grave, mais cela empêche d'inspecter le fond de soi et trouver et se ressouvenir de l'idée divine inscrite là, et ainsi de se réaliser sur terre. Mon chemin était de me faire des idées reçues une autre idée, mais celle que j'ai choisie, c'est-à-dire d'aller à la volonté de l'homme, à ce qu'il pouvait faire pour lui-même, était l'ignorance d'être aidé à tout moment par ceux qui sont alliés à l'amour-même-Dieu, qui demeurent en cet amour-même-Dieu que nous possédons tous. Nous sommes tous un.

La difficulté de l'humanité est de ne voir l'humain que dans ce qu'il réalise en dehors de l'amour-même-Dieu, quand il se pense en dehors de l'amour-même-Dieu. Quelle que soit sa culture, on entretient cette disposition à se mettre face à l'amour-même-Dieu plutôt qu'en Lui.

L'amour-même-Dieu est en soi, et on ne peut pas l'entendre en dehors de soi-même. La voix est intérieure, bien qu'elle semble résonner à l'extérieur tant elle peut être forte, mais ce n'est pas le cas. Chacun qui décide d'aimer l'humanité entend personnellement la parole d'aimer directement en soi-même.

J'étais considérablement bouleversé par la façon dont la voix a résonné en moi, parce qu'en tenant compte de ce que je croyais auparavant, je ne pouvais pas imaginer malgré tout la force présente en moi. Une personne n'est pas sans amour des autres en elle-même, mais elle ne peut pas en voir la manifestation sans sa décision d'aimer inconditionnellement.

Les poèmes de ma jeunesse disaient des choses comme d'aimer la vie, et ne pas se plaindre qu'elle peut être difficile parce qu'avec la volonté de chacun elle peut de nouveau être souriante. Mais lorsqu'en poésie on rêve de bonheur pour soi et, pourquoi pas, pour ceux que l'on désire accompagner, on fait des circonvolutions pour parvenir à dire des choses jolies que l'on pourchasse dans des passions d'aimer, en attendant qu'on vous aime tout autant. J'étais devenu sourd à tout ce qui était poésie, pour prouver qu'un poète n'était pas seulement capable de dire des poèmes en lui-même et de les écrire pour les autres, il était aussi capable de vivre autrement plus largement que cela, et d'ailleurs je le prouve. J'étais comme une personne avide de connaissance pour prouver qu'avec de la volonté on peut tout apprendre.

Mais est-ce intéressant pour réaliser son existence dans ce qu'elle a d'exigence pour l'humanité tout entière ? Évidemment qu'on ne fait que se gargariser de ce que l'on sait, et non pas pour dire être instruit de ce qui est nécessaire à la vie, mais pour se montrer supérieur aux autres. Et pour se dire être de la race des anciens, qui touchaient à toute sorte de choses, parce qu'à cette époque il y avait le temps de s'ouvrir à l'espace des connaissances qui pointaient dans les esprits. Une personne de mon rang d'académicien se devait d'être instruit, et j'étais persuadé de faire œuvre utile en m'invitant à m'exprimer sur toutes les choses qui m'intéressaient, afin de laisser derrière moi une marque indélébile.

J'étais confiant en mon avenir après mon décès, parce que j'avais mis suffisamment d'éléments en ma faveur pour qu'on ne m'oublie pas. J'avais donc la rage d'être éternel, et pas du tout la rage d'oser aimer les autres comme cela était normalement le but de l'existence.

J'ai fait le pas de trancher entre la célébrité et la poésie, et lorsqu'en poésie je fus reconnu, j'ai totalement oublié tout ce que l'on entendait par être cultivé et être averti de tas de choses qui en l'occurrence ne pouvaient pas m'aider à respirer mieux l'air des autres. Je voulais devenir célèbre absolument. Quand, en poésie, je ne voyais pas la célébrité arriver, j'ai joué à l'érudit qui peut parler de tout et rester sans aucun a priori de certitude, pour avoir la liberté de changer de point de vue à mon gré. Et voyant que cela prenait, j'ai pu tranquillement retourner à la poésie, qui était mon point de Jouvence, pour graver ma trace derrière ceux qui m'avaient précédé, et devant ceux qui me suivraient.

On se prend pour l'imposteur ou pour le scientifique ou le mathématicien ou encore pour le politique, mais jamais pour ce qu'on est réellement et qui est bien au-delà de notre petit point de vue sur nous-mêmes. Il faut alors rester concentré pour faire toutes sortes de choses qui seraient défendues sérieusement dans des colloques ou des réunions d'amitié, qui vous voient comme une figure de proue qu'on peut donc fréquenter.

Heureux qui comme Ulysse a fait un beau voyage ! Mais quel voyage a-t-il fait ? Lorsqu'en me penchant sur les affaires de grande dimension, je me suis aperçu que tout n'était que redites, j'ai fait *La Jeune Parque* parce que c'était seulement respecter les façons anciennes de dire les choses. Je me suis attelé à ce récit pour qu'on me regarde comme une sorte d'érudit des temps modernes, et pourtant jouant de l'ancien à son aise. Il ne m'a pas fallu beaucoup de temps pour saisir l'effet de l'ancien, et j'ai simplement suivi une trame pour arriver jusqu'au bout. On n'a pas besoin d'être érudit pour faire ce genre d'exercice, il suffit d'être habile à saisir les ponts entre les parties à développer. J'avais travaillé cette chose en me réservant le droit de l'utiliser un jour, et c'est ce que j'ai fait. Et personne n'a pu comprendre réellement cette intention que j'avais de paraître et non d'être moi-même.

Il n'y a pas moyen de faire semblant en amour-même-Dieu, et lorsqu'en lisant mon parcours, je me suis vu agir comme l'incontournable idiot d'une section de vantards, j'ai pleuré sans même m'en rendre compte. Il n'y avait personne pour me dire qu'il ne fallait pas pleurer, mon cher Paul, ça arrive à beaucoup d'autres. Non. J'ai senti couler des larmes et personne ne les a essuyées. Parce qu'en Dieu, il n'y a pas de personne pour vous consoler, mais pour vous accompagner dans votre lecture. Il n'y a pas de consolation pour les traces que vous avez laissées, il y a effacement en vous des ombres que vous avez créées, et c'est cela qui console d'avoir perdu autant de temps à faire ce qu'il n'y avait pas à faire pour rencontrer l'amour-même-Dieu. C'est en lisant sa vie qu'on voit tout ce qui est idiot et sans intérêt, autrement on se prend pour des lumières qui montrent le chemin aux autres, alors qu'on est seulement dans une ombre un peu plus claire sans doute, mais ombre tout de même comme les autres.

Il aura fallu que je me sois égaré dans des désirs de pouvoir de l'esprit pour faire ce parcours avec uniquement mon esprit, en laissant de côté mon âme de poète, pour montrer la supériorité de l'esprit sur l'âme et alors l'indisposition à aimer les autres. Puisque l'âme sait qu'elle doit aimer les autres, mais hésite à choisir son camp quand l'esprit tranche irrévocablement parfois, pour n'aimer pas les autres. Voilà en quelques lignes ce que je pouvais tirer de mon parcours, pour montrer non plus la vanité de l'esprit, mais son accord d'aimer en Dieu-amour-même, sans se servir de la volonté pour y parvenir.

L'humain est fait pour aimer les autres, puisqu'il vient de cet amour-là, mais l'humain croit qu'il est fait pour *être aimé* des autres, et cela n'a pas lieu d'être. Ce qui a lieu d'être, c'est l'amour que l'on a en soi qui est là pour aimer les autres et ainsi garder l'unité divine en connaissance de cause. Les êtres humains se perdent dans l'idée d'avoir à être remerciés pour ce qu'ils font pour les autres, et n'ont pas encore perçu que l'on a à remercier d'avoir la réponse que l'on cherche.

Léo Ferré

Quel est l'acteur qui sait dire merci à la vie d'avoir pu être seulement quelqu'un qui se donne du plaisir à longueur d'actes artistiques ? Quelle est l'actrice qui dit merci à la vie de n'avoir pas à se dépêcher le matin pour faire ses courses avant d'aller bosser dur ? Quels sont les hommes de théâtre ou de cinéma qui ont à se justifier d'être des adeptes de l'*aimez-moi fort* ? Quelles sont les actrices de cinéma ou comédiennes de théâtre qui ont besoin de se jalouser les rôles de femmes de ménage des nantis ? Que sont nos amis devenus ?

Lorsqu'on est petit garçon d'émigrés, on ne raisonne pas en termes de galons à gagner pour être reconnu du public, mais en termes de fatalité qui vous oblige à gagner, sinon vous allez mourir. Mon père était fatalement obligé de nous nourrir, et n'a fait fatalement que ça. Lorsque j'ai réussi à passer sur une scène de music-hall digne de ce nom, c'était assez tardivement dans ma longue carrière de chanteur anarchiste. J'ai pu oublier que j'avais eu à mendier ma sale soupe de patates, aux fers de mon désespoir d'arriver à percer et à prouver que j'avais le désir de dire des choses qui avaient à voir avec la vie et la malchance dans la vie. Et à savoir comment et pourquoi tout était si malheureux à vivre dans la pauvreté. J'ai écrit *Le Piano du pauvre* pour aller dire aux riches que notre accordéon pouvait aussi émouvoir, parfois plus que leur piano à queue. C'était une façon d'attirer l'attention sur le manque d'attention des nantis vis-à-vis des pauvres. Ce que j'ai réussi à faire, c'est d'être classé comme anar, et rien d'autre. Il m'a fallu trimer et trimer encore à raconter des histoires d'amour, ce qui pour moi, à ce moment de ma vie sur terre, représentait l'envie que les gens s'aiment un peu sans histoire de classe sociale. Ça n'était pas pour être révolutionnaire, mais d'un autre côté, j'aurais aimé l'être afin d'entendre chanter mes mots par des gens qui n'avaient pas l'accès au bonheur, mais qui pouvaient en prendre un peu grâce à ma chanson.

J'avais si mal de n'être décidément pas à la hauteur de mes envies d'aller bien, pour entraîner les autres avec moi dans le bal des amours aimants !

Lorsque j'étais enfant, je cherchais toujours ce qui me ferait plaisir. En grandissant j'ai cherché à m'accoutumer à vivre comme les autres, mais je n'ai pas pu, et c'est la chanson que j'ai trouvée pour enfin me donner l'impression de sortir de l'ordinaire. Les relations entre les gens étaient tendues autour de moi et cela me donnait envie de fuir. J'en étais venu à rentrer la tête dans mes épaules, pour n'avoir pas l'air de les entendre s'invectiver à longueur de vie. L'on se prend à vouloir vivre autrement, mais tout est organisé pour que vous viviez exactement comme tout le monde.

Comment se demander d'aimer toute l'humanité, quand on voit des guerres et des exactions et des tortures partout ? Et voilà ce qui pousse des gens à ne pas vouloir vivre l'ordinaire en allant se trouver des cordes vocales suffisantes et un talent d'auteur valable, pour demander aux autres de les laisser ne pas vivre comme eux.

J'avais si mal de n'être décidément pas à la hauteur de mes envies d'aller bien. J'avais horreur de me plaindre dans la vie, alors je pleurais mes désespoirs en chansons. Les auteurs de mon époque avaient trouvé plus rentable de chanter leurs chansons, car dans la plupart des cas, ils voulaient ouvrir une autre vision de l'artiste engagé dans sa façon d'aborder l'écriture des textes qui les concernaient directement. Quand j'ai rencontré Brel et Brassens, j'avais à peine commencé à chanter en me faisant connaître par des chansons de poésie. J'écoutais ces deux-là former des bases de réflexion, quand j'allais me tremper l'accord dans les poèmes d'Aragon ou de Verlaine, qui me semblaient avoir bien dit les choses, et je n'avais pas à les redire moins bien. Puis ils m'ont persuadé de dire exactement ce qui me faisait réagir, et c'est comme ça que j'ai vraiment commencé à me pencher sur la consonance des choses en moi. Avec ménagement, ils m'ont fait comprendre que chanter seulement ce qui était déjà apprécié n'avait vraiment aucun intérêt, dans la mesure où l'on chantait pour apporter aux autres de l'inédit dans leur vie. Les gens ont toujours préféré admirer ce qui les étonne, de quelque façon que ce soit. L'étonnement passé, il faut pouvoir les captiver par autre chose d'inédit, et j'y étais parvenu avec des poèmes mis en musique, mais encore ne fallait-il pas écumer toute la poésie française sans se mêler de porter un peu d'idée neuve à la connaissance des autres.

J'avais des poèmes dans mon cœur, mais j'avais aussi des hargnes contre les autres qui se mêlaient d'entraver ma course au succès. J'écrivais des choses d'une rare beauté, pensai-je, et personne ne le remarque. Mais lorsqu'en y regardant de plus près, je me suis aperçu qu'il n'y avait pas eu dix années entre mes débuts et mon succès, j'ai baissé d'un ton. On est tellement impatient de paraître avoir du talent qu'on se fait des peurs de n'être pas encore arrivé, alors que le public frémit déjà. On s'attend à ressentir le succès comme une marée blanche qui nettoierait tous nos soucis d'apparaître devant le public applaudissant à tout rompre notre si belle poésie. J'étais marin d'eau de mer quand la marée était basse, et je puis dire que je n'avais pas passé des heures à chercher les mots qui devaient à coup sûr faire chavirer le cœur des gens. J'avais des copains de passage et des amis de toujours, même si je venais de les rencontrer. Il y a comme ça des gens qui sont de la même soif d'amour que soi, et on les reconnaît entre mille, jusqu'au jour où on a un peu moins soif qu'eux, ou un peu plus soif, et alors on ne se serre plus le cœur.

Chaque fois que j'avais des peurs de marcher dans l'eau de la rivière Amour, j'étais exténué sans même voir que c'était mon hésitation qui m'exténuait ainsi. J'avais envie d'aimer des gens, mais jamais je n'ai eu envie d'aimer tout le monde, et quelquefois je parvenais à me demander pourquoi. Pourquoi trier ainsi les gens même quand on ne les a jamais vus, alors qu'on ne peut même pas savoir ce qu'ils sont capables de nous apprendre de par leur seule existence d'homme ou de femme terrestre.

J'avais de grandes envolées d'esprit leurré par l'incroyable sentiment d'être né pour séduire les âmes. Et j'entendais dans la brume de ma vie qu'on ne naît pas pour séduire les âmes, mais plus sûrement pour ne pas perdre de vue ce qu'on devrait pouvoir trouver, avec une grande folie d'aimer lire dans la vie des autres ce qu'on voudrait trouver. Je fleurissais mon âme de ce genre d'exposé, et après, en relisant, j'acceptais de me convaincre qu'il n'y avait pas grand-chose à garder, mais que tout de même c'était venu au bout de ma plume et qu'alors je ne pouvais le refuser. Il y a des poètes de saison d'aimer et des poètes pour tout refuser, même l'oiseau qui chante qu'il n'a rien à manger dans ce froid de l'hiver où il vient d'arriver. On regardera tout cela d'un air de dire, il délire Ferré à parler ainsi qu'un poète fou. Mais que dire, sinon qu'en osmose avec la vie même, j'ai envie de délirer pour n'être pas obligé de m'accoutumer à cette façon d'enterrer les poètes sous prétexte qu'ils sont dits décédés.

***

L'hiver dernier, j'étais vivant, le printemps suivant, j'étais mort ?
À quel saint se vouer, pour dire haut et fort que je ne le suis pas ?
Il n'y a pas d'étoile au firmament de Dieu,
Et pas de saint et pas de vestale,
Pas d'homme saint Pierre non plus
Et pas de vierge dont l'idée serait de s'appeler Marie.
J'étais le poète fatigué de l'être pour rien qu'une saison d'aimer
Faire de la poésie qui aurait à se taire
Une fois qu'on m'aurait déclaré mort.
Mais j'étais plus fou que les fous
Que de n'avoir pas fait le fou,
Le fou de croire à la résurrection des morts
Quand les vivants se croyaient plus vaillants que les morts.
Il n'a pas fallu dix ans, ni vingt, ni trente
Pour me réveiller du sommeil des vivants.
J'avais à peine dit pourquoi moi aujourd'hui
Qu'on me disait déjà : Et pourquoi pas toi ?
J'entendais cette phrase aussi clairement
Qu'une voix de mon enfance m'avait dit :
Au revoir petit, je te laisse ta maman,
Elle te soignera pour moi
Qui n'ai pas les doigts faits pour ça.
J'entendais cette voix
D'un père qui avait tant de fois
Déserté l'amour qu'en moi j'avais pour lui.
Mon père m'accompagnait
Dans cette mort brutale

Qui n'avait pas fini de m'anéantir dans l'instant
Dans le vivant qu'elle m'accordait
Qu'il me fallait accepter forcément
Puisqu'on n'avait pas de moyen de le refuser.
Vivant plus encore qu'une seconde à peine
Du côté de l'espoir, du côté d'avoir
Une dernière chance d'être aimé.
Plus encore qu'hier, où je trépassais
D'être déjà condamné, à mourir par devoir
Devoir de mourir puisqu'on avait tant vécu
D'espérance gâchée par l'envie d'espérance.
J'étais dans l'instant plus fort que jamais
J'entendais les idiots et les intelligents
Ne pas savoir qu'en mourant on était plus facilement
La proie des morts de peur d'être enterrés vivants.
Et on l'était finalement, puisqu'on nous croyait mort
Et on n'avait pas mis la clef sous la porte
Qu'elle ouvrait déjà une autre porte
Qu'on n'avait jamais remarquée de notre vivant.
Qu'en mon âme et conscience, j'exprime cette chanson
Et qu'en ma conscience d'âme, j'atterris dans la vie
Qu'une fois dans une tournée, une femme m'avait dit
J'avoue que je suis surprise qu'on ne se tourne pas
Vers ce qui est plus vivant que soi
Et qu'on porte à rire des autres qui croient à ces choses-là.
J'étais de ces rieurs jaunissant leur sourire
Pour me laisser tranquillement vivant tant et plus
De ce désir d'être aimé comme longtemps
On n'avait aimé un homme comme ça.
J'use des vers comme des tours de magie
Magie d'amour pour les vers qu'en moi j'extirpe ici.
On n'avait pas entendu Ferré comme ça
Et on dira, c'est lui, même si on n'est pas sûr
Parce qu'il n'y a que lui pour parler à voix nue
De ce qu'il a dans ses tripes et qu'il n'a pas rendu.

J'étais comme aveuglé d'être si mal aimé
Dans l'une des histoires qu'il m'avait apportées
Ce vent des amours finissant avant de commencer
Qui de douleur en douleur remuait ciel et terre
Pour m'enfoncer dans l'idée navrante, je le sais
Qu'on ne m'aimera plus jamais
Comme j'aimerais être aimé.
À bien y regarder, mon cœur n'a pas souffert
Autant qu'il s'est montré souffrant tout l'enfer
J'étais abasourdi d'être si peu souffrant
Qu'en écrivant l'histoire, j'en ai bien rajouté
De ces douleurs qui font dire aux vivants cette chanson
C'est justement mon histoire que Ferré raconte là.
J'étais comme soumis à la facilité des rimes
Qui chatouillaient joyeusement ma plume.
J'avais des milliers de vers en récompense
D'une idée qui était venue à moi.
L'or et l'océan voulaient me faire cadeau
Des trésors d'antan et des trésors d'après.
Mais j'étais consumant l'amour qu'on m'avait refusé
Dans une histoire d'amour
Qu'on m'avait intentée.
Les tours de passe-passe étaient de mon ressort,
J'avais mille fois raison
De me faire le poète chantant des chansons
De sa poésie finement taillée,
Pour qu'on ne dise plus : Il est mort le poète. Vive sa poésie !
Car j'étais toujours là, qu'on me voie ou pas,
J'étais resté dans l'instant décédé, mais vivant le décès
Plus que je n'avais prévu demeurer vivant
Dans l'esprit des gens.
Me voilà au service des vivants qui me croient mort
Et bien qu'ils me croient mort, ils disent souvent :
J'ai cet homme dans mon cœur

Et parfois je lui demande conseil.
Mais en ayant formulé cette chose si tendre à leur cœur,
Il retourne au voyage qu'ils avaient commencé sans moi.
Une femme pourtant reste à m'accompagner,
Et c'est elle qui me donne la plume du poète
Que j'aime à demeurer ici.

La raison d'être inquiet vient du fait qu'on n'a pas trouvé une possibilité de se comprendre les uns les autres d'emblée. Lorsqu'on s'adresse aux autres, on sait d'avance qu'il y aura distorsion entre ses propos et ce qu'ils en auront compris. Les gens ne peuvent écouter qu'avec l'idée qu'ils se font d'eux-mêmes et des autres. Ils n'ont pas de neutralité qui leur permettrait d'entendre exactement ce qui est dit. Quand on écrit une chanson ou une pièce de théâtre ou une quelconque lettre, on peut s'attendre à plusieurs interprétations. Quand on se lit en Dieu-amour-même, on lit avec l'aide de Dieu-amour-même, sans aucune interférence de la pensée.

Serge Gainsbourg

Les difficultés pour moi ont commencé lorsque je me suis rendu compte que les gens de spectacle ne savaient pas reconnaître une bonne chanson d'une chanson à chanter dans sa cuisine. Ce qui ne veut pas dire que je voulais que l'on me trouve plus intéressant que je ne l'étais de fait. Le verbe des chansons est très utile pour définir les contradictions que l'on rencontre dans la vie et j'étais déterminé à narguer les soi-disant connaisseurs de la langue française et de l'intérêt du public pour leur connaissance spéciale. Je voulais les mettre au défi de me surprendre. J'ai aligné toutes les notes de musique bout à bout sans jamais me dire que c'était génial, mais souvent j'ai trouvé qu'il y avait quelque chose de surprenant dans cet assemblage de notes qui sonnait si merveilleusement. Les notes de musique m'ont toujours fasciné. Donner le *la* était pour moi magique.

Peu d'interprètes se réjouissent du fait que la musique ouvre des portes sur l'infini. Peu de compositeurs s'activent à donner la notion de divin dans l'assemblage des notes entre elles. Peu d'illustrateurs musicaux s'évertuent à lire la musique qu'on leur présente comme un livre divin salué par tous. Pour dire que j'étais très étonné de valoir quelque chose dans le milieu artistique. Peu de ces admirateurs ont su reconnaître la décision d'aimer les autres dans la composition de mes chansons. Peu de ces compositeurs ont lu le livre de Lumière divine dans la sonorité de la musique composée pour éblouir le cœur des autres. Peu des ces mêmes personnes, qui maintenant ne jurent que par Gainsbourg, ont su à quel point j'avais de l'amour pour ma musique. Ma musique, dans le sens de l'alliance des sons miraculeusement composés et des mots volés à l'inspiration.

Volés à l'inspiration que beaucoup cherchent et ne trouvent pas.

J'ai aimé dire la musique qui m'apportait les émois que je n'avais pas ailleurs. J'ai chanté dans la bonté des sons musicaux. Brel a chanté les mots et la force d'aimer les autres par ces mots lumineux et précis. Moi, j'ai utilisé les sons musicaux pour que les mots se posent avec lumière sur le sens. Calme et précis, c'était ma devise.

Même si j'aimais les gens, je n'en étais pas plus chamboulé que ça. Je pensais qu'un homme avait le devoir de s'exprimer envers et contre tout et non de faire des courbettes à ceux qui n'ont pas l'intention de lui faire l'honneur de l'aimer. Mais voilà, qui a raison, qui a tort ?

J'aurais eu des remords si je n'avais pas été complètement conscient de ce que je faisais. Si l'on avait connu mon cœur dans les dernières années, on aurait pu constater que j'étais coriace, et mal luné pour mille raisons aussi stupides les unes que les autres. Ça c'est encore très frais dans ma tête. C'était dans l'intention de me faire remarquer et de marquer mon passage sur terre avec exagération et sublime aussi, si possible. J'ai travaillé plutôt deux fois qu'une pour que je sois reconnu dans l'histoire de la chanson comme un type stupéfiant. Stupéfiant au propre comme au figuré.

Comme j'ai blagué sans cesse sur l'anarchie qui régnait dans ma vie, tout le monde a pensé que j'avais l'âme en compote. J'avais la certitude de n'être pas parvenu à réaliser le fond de ma vie. Contrairement à ce qu'ils pensent tous, j'avais vraiment eu des désirs de m'accorder des plages de réflexion profonde dans ma jeunesse.

Mon enfance a été sinistre. Peintre de rien. Écrivain de lettres d'amour dans des chansons de variétés. Ça, je veux bien le garder, ce titre : écrivain de lettres d'amour. Oui, ça, je veux bien. Ma vie a toujours été traversée par l'envie d'avoir un amour difficile et unique. Jane a été cette femme que j'aurais gardée toute ma vie, mais j'ai flanché pour des raisons superficielles et incongrues. J'ai fait en sorte qu'elle se tire, et puis je n'ai fait que le regretter. J'avais perdu la foi. Pourquoi ? En réalité, j'avais mis ma foi de côté. J'ai fait semblant de n'avoir rien à faire dans ces eaux-là, et dans le fond, je l'ai toujours regretté, mais difficile de faire machine arrière. J'étais pris dans un brouillard d'alcool et de drogue et d'incompréhension d'amitiés sans amour.

Même si je n'avais pas l'air de me soucier de Dieu dans mes extravagances télévisuelles, j'étais dans le questionnement de ma présence sur terre. Mon questionnement ne m'a pas permis de me convaincre d'une présence en moi, mais tout de même, j'ai appris à me savoir insuffisant.

Me sentir insuffisant, ce n'est pas ce que j'ai montré en public. Mais c'est ce que je me savais être quand je n'ai pas su dire à Jane que je l'aimais dans mon corps, dans mon cœur, dans mon âme.

Le regard constant des médias est insupportable. La réussite sociale qu'ils pensent vous donner, dans le cas où vous êtes leur invité, est dérisoire et sans fondement.

Le bonheur d'aimer sur terre est ce qui nous manque le plus. Oui, tant d'amour laissé pour compte que personne n'appelle en soi. Si j'avais su… mais cela n'est plus d'actualité.

L'enfant qui m'était venu de Jane était pour moi la seule qui puisse me comprendre, mais dans le fond de mon cœur, j'avais honte d'être un si piètre père, alors qu'enfant, j'étais déjà un homme qui rêvait d'être un jour papa. Il y a des hommes qui n'arrivent pas à s'émerveiller d'une naissance, moi, c'était l'émerveillement de la naissance, mais tout de suite après, j'étais inquiet d'être à la hauteur. On n'avait pas grand-chose à se dire, pourtant on s'aimait comme des enfants d'une génération différente. L'idée de mourir sans lui dire combien j'étais passé à côté d'elle m'a défiguré, moi qui étais l'homme aux oreilles envahissantes. J'étais bien certain d'être le père de cette enfant, mais incertain d'être son papa. On n'a pas l'habitude de valoriser les mots du cœur en public, et on s'entendait pourtant pour décider les spectateurs à applaudir à des peccadilles du genre Gainsbourg-Gainsbarre, ou encore des insultes dites avec un verre d'alcool ou trois dans l'estomac. Lorsqu'en me réveillant un matin je vis que Jane n'était plus là, j'étais soûl une fois de plus. Et sans dire quoi que ce soit, j'allai m'effondrer dans l'une des vieilles robes de chambre qu'en moi je portais toujours. J'étais content, lorsqu'en me relevant le matin, j'étais soûl encore plus d'avoir rêvé à toutes ces heures où j'avais bu jusqu'à la lie les whiskies du bar d'à côté, ou d'une boîte de nuit où j'avais mes entrées. On me voyait arriver avec un air déjà vaseux, et on savait qu'on allait pouvoir m'endiguer d'alcool fort jusqu'au matin. Les soirs étaient pour moi si tristes sans l'espoir même d'une belle rencontre amicale, qu'en allant m'éteindre le feu du cœur dans l'indifférence du barman j'avais déjà la nausée. Il me fallait demander à d'autres de m'aider à rentrer.

J'avais retenu deux choses : l'une était d'être prêt à temps pour mourir dignement. L'autre était d'être digne dans la mort. Donc sans doute me suis-je trompé de choses, parce qu'en réalité j'étais si près de mourir qu'en m'endormant dans la mort j'avais l'impression de partir dans le sommeil. J'ai entendu que quelqu'un disait : *Il ne va pas bien.* J'ai cru que c'était ma mère. Je parlais tout seul, et c'était moi qui disais cela en me voyant sur le lit en train de mourir. J'étais complètement vivant, me regardant en train d'avoir dans le cœur un soulagement d'être vivant. Il est difficile de faire comprendre à ceux qui n'ont pas cette conscience d'être morts, quand ils sont vus devant soi, de ce qu'est la vie quand on est mort pour eux. Non seulement on n'a pas de temps mort, mais encore on se place devant toutes les autres personnes qui meurent à ce même moment, et on voit tous qu'une chose a changé, mais on n'arrive pas bien à cerner les conséquences de ce changement. L'un de ceux qui m'ont rassuré était bien celui que je voyais devant moi, c'était l'homme Brel, avec qui j'avais eu quelque différend. Il gesticulait dans son âme pour être sûr que je l'entendrais. On a peine à s'imaginer cet accueil immédiat de personnes qu'on avait perdues de vue, ou de ses parents depuis longtemps décédés, ou de quelque amante oubliée, et puis rien n'était prévu pour une telle vie après la mort. Mais que faire de cette vie, quand tout le monde vous pleure et croit qu'en dormant dans votre sommeil de mort vous n'avez qu'un destin : le cimetière. J'étais perdu pour les gens qui voulaient m'enterrer, j'étais vivant pour ceux qui avaient été enterrés. On n'est pas prévenu d'une telle chose, et c'est bien ce qui empêche l'homme de vivre consciemment son existence et de faire en sorte d'être disposé à comprendre le pourquoi d'une telle vie après le décès.

J'avais entendu parler des possibilités de communiquer avec les morts, mais cela, comme bien souvent, m'avait paru simplet. Il y avait tant de gens qui étaient déjà morts, dépossédés de la vie, alors qu'est-ce qu'on pouvait bien trouver à dire après cela ? Mais ce qu'on n'a pas déjà dit, c'est qu'en mourant on répond à la question qui nous taraude, et qu'on ne parvient pas à énoncer. Pourquoi donc t'acharner à rester à ne pas trouver pourquoi tu vis ? L'idée d'aller mourir sans la personne que j'aimais m'asphyxiait. J'avais deux femmes dans ma vie, et j'étais sans l'une et pas assez avec l'autre. J'avais remarqué qu'elles étaient sans voix, lorsqu'elles me voyaient me dégrader ainsi que je l'ai fait, mais rien ni personne ne pouvait m'empêcher d'avoir ce comportement d'enfant malheureux qui n'arrive pas à respirer correctement, tant les sanglots lui empoignent la gorge.

J'avais mal d'être moi, comme disait Brel, et j'étais complètement soûl de n'être pas moi-même capable d'arrêter ce massacre. C'est qu'en menant notre existence sans la conscience d'être vivants après le décès, on ne peut pas avoir d'autorité sur soi pour changer les comportements infantiles. La vie est immortelle, et nous sommes dans cette immortalité de la vie. Notre parcours terrestre n'est qu'un épisode de toute une série d'existences qui devraient un jour s'arrêter pour peu qu'on retrouve le but de toute vie humaine. Mais éduqué comme nous le sommes depuis tant et tant de civilisations successives, nous restons dans l'indécision de nous instruire de quoi parle la mort, quand elle reste vie.

Une fois qu'on prend sérieusement le problème de la mort, et qu'on s'aperçoit qu'on a des informations fort utiles pour vivre notre existence, on s'étonne toujours d'avoir si peu de personnes qui se mettent à se renseigner sur ce moment crucial de l'existence. Tout le monde semble préférer se désespérer plutôt que d'aller à la recherche d'informations. Souffrir parce qu'on a perdu un être cher est à la hauteur de souffrir d'être vivant sans pouvoir le dire. À moins qu'on entende les aides qui en savent plus sur ce qu'on est réellement en tant qu'humain, et ce qu'on doit réaliser. Les actes d'encouragement à vivre que sont les petits plaisirs nous font croire qu'il y a une seule valeur à la vie, celle d'avoir le meilleur avenir possible dans ces joies pourtant éphémères, et ces petits arrangements sur la qualité des jours, et ces déploiements d'extase dans les nuits d'amour partagé.

On se prend pour des amuseurs d'enfants et on reste dans l'infantilisation de notre vie, sous prétexte qu'on n'en a qu'une. Sans doute n'a-t-on qu'une vie, mais elle est faite d'existences multiples, pour la raison qu'en choisissant de naître, on ne va pas droit au but. J'aurais compris des choses ? Sans doute qu'on n'a pas d'instant autre que le nôtre, mais qu'il arrive parfois qu'une personne nous aide, dans un temps où on n'avait pas vraiment réalisé qu'on était prêt pour le grand changement. Lorsqu'en lisant ma vie en l'amour-même-Dieu j'ai réalisé que j'avais mis les choses à l'envers, j'ai cessé de m'investir dans l'idée qu'on ne m'avait pas compris, et donc que je pouvais m'en aller avec mes désespoirs accrochés au cœur depuis tellement longtemps qu'il faudrait des siècles et des siècles pour le dire. Effectivement, c'est le temps que j'ai mis.

Après le décès, l'on doit savoir qu'un décédé peut entendre les pensées de ceux qui lui sont chers, mais également ceux qui n'ont pas d'attention pour lui. Il n'y a pas de barrière de la pensée. Les vivants ont parfois ce don d'écoute. Dans l'atmosphère des décédés, cela reste accroché à la volonté du décédé d'être en connexion avec ceux qu'il aime. Pour dire qu'on reste libre d'écouter ou pas ceux qui sont vivants. La différence, c'est que les décédés savent que les autres qui marchent sur la Terre sont vivants, mais que les vivants ne savent pas que les décédés sont des âmes qui n'ont rien d'immobile. Finalement, j'avais une chanson qu'en moi je traînais depuis des siècles et des siècles, et je n'arrivais pas à me ressouvenir des paroles qui disaient d'aimer, alors j'ai tenté par toutes sortes de biais d'en inventer d'autres.

***

J'ai erré dans les rues de ma ville
J'étais d'humeur à rire
Mais quand je cherchais pourquoi
Je ne m'en souvenais pas.
J'ai erré des siècles et des siècles là
À écouter le vent danser,
Mais dans le vent de ma ville,
L'amour n'était pas là.

J'ai chanté des mots rancis
Des mots qu'hier j'avais chantés,
J'ai perdu le fil de ma vie
En chantant ces chansons-là.
Il n'y avait pas dans ma ville
De quoi rire d'autre que moi,
Mais quand j'ai su pourquoi
J'étais mort d'être resté là.

L'histoire qu'il m'a fallu chanter
N'était pas au diapason d'aimer
D'aimer dans l'idée d'origine
D'aimer cette humanité-là.
Il n'y avait aucune raison pour moi
De les aimer tels qu'ils étaient là
À ne pas me voir les détester
D'infantiliser mon chagrin là.

J'ai enfin retrouvé aimer
Cet aimer qui aime sans loi
Cet aimer qui ne compte pas
Les manques d'amour qu'on laisse là.
J'avais demandé à marier
Le bon et le mauvais choix
Mais l'on m'a marqué les endroits
Où aimer ne peut aller là.

J'étais d'entrain mal assuré
J'étais des villes polluées
Par l'imbécile vie d'artiste
Qui sait se faire aimer pour ça.
J'étais comme une passion de vivre
Au-dessus des volcans de ma vie
Mais j'ai sans doute raté l'idée
Qui m'aurait fait arriver là.

Voilà qu'en décédé je chante
Comme le faisait cet homme-là
Qu'en moi j'étais sans l'inviter
À me raconter cette histoire-là.
Me voilà devenu chanteur
D'aimer le monde qui est là
Tel qu'il ne veut même pas
Savoir ce qu'il fait là.

***

Notre univers est le même que celui des vivants, sauf qu'à force d'amour il devient celui de Dieu, et c'est l'immensité d'aimer sans rien attendre en retour, comme cela sera dit tout au long de ce livre-là.

Mon but de vivre heureux, je le recherchais depuis l'enfance. J'étais consterné d'être aussi malheureux depuis le plus jeune âge, et personne n'avait de moyen de me convaincre d'être autrement. Ma mère regardait son enfant comme une âme perdue, et mon père regardait l'homme que j'étais comme une sorte d'internement d'affaires louches contenues dans son cerveau. On ne pouvait pas me dérider aussi facilement qu'on m'a vu me pavaner de douleur à la télévision. On ne pouvait même pas prétendre me montrer quelqu'un qui riait, car j'étais fermé comme l'huître qui n'avait pas entendu l'appel de l'océan. Il a fallu que je me sorte de là, et c'est en regardant Brel être aussi libre de son corps pourtant si maladivement livré à la démesure, que j'ai osé me prétendre capable d'en faire le quart, ce qui déjà serait une immense avancée sur moi-même.

J'ai fait demi-tour et je me suis mis à regarder la télévision et sortir de mon chez-moi, pour me confronter aux autres. Et petit à petit j'ai pris de l'assurance, et me suis mis à me moquer de moi en public, et cela m'a permis d'être à l'aise partout, ce que je n'espérais jamais pouvoir parvenir à gagner de moi. Je me suis mis à rire et à chanter des choses moins passives, et en rythmant mon style de texte avec des sons de compositeur averti de la beauté d'une osmose entre les paroles et la musique, j'ai réussi à m'asseoir à la place que je ne pouvais même pas imaginer avoir un jour, lorsque j'ai débuté.

J'avais la musique classique pour m'inspirer des mélodies, et même des mélodies de la musique classique pour trouver des sujets de chansons, parce qu'en musique classique les compositeurs avaient déjà tout exploré, puisqu'ils étaient à l'origine des choses de la composition. Et je m'abreuvais des thèmes des uns et des autres pour construire mon édifice personnel. On voit à quel point tout est déjà là. Et on se targue souvent d'avoir trouvé quelque chose qu'on n'estime être que de soi ou de sa propre inspiration. Comme si l'inspiration n'était pas une sorte d'antre dans lequel toutes les idées étaient déjà là pour ceux qui s'intéressaient à composer des musiques en vue de les utiliser dans le travail qu'ils se destinaient à accomplir. On n'était pas averti des choses avant qu'elles ne soient ouvertes à quelqu'un qu'elles intéressaient, et pourtant ces choses, comme je le constate maintenant, sont déjà en tous et toutes exactement comme une sorte d'antre…

J'étais devenu plus habile à camoufler les idées que je prenais de gauche et de droite dans les compositions des musiciens classiques, que n'importe lequel des autres artistes faisant exactement la même démarche d'écouter ces thèmes pour en tirer le jus qu'il voulait transformer en composition personnelle. L'acte de plagier les autres n'est pas exactement ce qu'on pense être, puisque les autres nous inspirent des choses, et évidemment cela ressemble à ce qu'ils aimaient composer. L'acte de plagier les autres est d'inventer des sources d'inspiration, quand on n'a fait qu'entendre les évidences intercalées entre les notes de la mélodie proprement dite, et d'en faire une mélodie qu'on dit avoir composée. Les musiciens ont l'oreille fine, et ils entendent des notes qui ne sont pas jouées directement dans la mélodie, mais sont présentes dans les intervalles entre celles qui sont jouées. Il n'y a pas d'interdit, donc, de faire celui qui a entendu des notes entre celles qui ne sont pas jouées. Mais il est vraiment dommage qu'on ne s'en livre pas au public, qui pourrait écouter ces chansons en sachant qu'elles sont aussi porteuses d'un autre compositeur qui pourrait les intéresser. Et ainsi voir à quel point on vit tous dans la même atmosphère créatrice, qui peut aider des gens à n'avoir pas d'acte de répulsion pour les autres, puisqu'en fin de compte on vit de ce qu'on est tous, de cette même atmosphère d'hommes et de femmes présents ou absents de la Terre.

S'il fallait se tenir debout les uns après les autres, on aurait exactement ce qu'on ressent dans l'existence parfois : l'idée de solitude prouvant qu'on n'est pas accompagné des prédécesseurs, puisqu'ils sont décédés. À moins que l'on ne s'invente le fameux « ils sont toujours dans nos cœurs, ils sont toujours avec nous », dont on ne sait pas dire l'implication dans notre quotidien au point où cela se passe réellement. Les décédés sont vivants en ondes en l'humain, qui est d'autres ondes, dans lesquelles il y a l'onde divine qui diffuse l'amour pour les autres humains sans rien en attendre en retour. Le savoir ne dit pas qu'on parviendra à l'incorporer dans son quotidien, mais qu'il pourra toujours être un point de ralliement un jour où l'acte de décès devra être signé. Il n'y a personne vivant actuellement sur terre qui n'ira pas au décès demandé, pour se reposer des misères d'une vie sans amour pour toute l'humanité.

Pour faire le pont entre une époque et une autre, il y a Dieu-amour-même qui ouvre à la connaissance des autres en soi-même. Le temps terrestre n'est aucunement un obstacle pour entendre Mozart parler de sa connaissance musicale et de son caractère d'homme facilement contrarié par l'attitude des gens qui n'écoutaient pas comme il le désirait sa musique. Mais ce qui reste de plus fascinant, c'est d'avoir, sous ses doigts, l'art musical des compositeurs de n'importe quelle époque sans avoir à apprendre le piano. Il n'y a pas de distance entre hier et aujourd'hui en Dieu-amour-même.

Mozart

La composition, c'est d'entendre les rapports qu'il y a entre les notes, et donc en trouver l'harmonisation en les regroupant par constance d'idée musicale. Le talent du compositeur doit être de resserrer les distances entre les notes et les faire s'harmoniser avec une idée générale, comme la tristesse ou la joie, ou encore la mélancolie. Un compositeur doit avoir en mémoire les résonances entre les notes, afin de pouvoir dire si elles feront de la mélancolie ou de la joie.

J'étais compositeur de joie et non de mélancolie, mais je savais aussi composer les grandes étendues des émotions humaines. Mon talent n'était pas de rassembler les notes, mais de les rendre plus contentes d'être prises pour composer ma musique. Lorsque j'étais enfant, je composais déjà des musiques d'écoute intérieure, car je les entendais d'avance en moi. Mon père était brillant, mais il n'entendait pas les musiques qui étaient déjà en lui, si j'ose dire ce que je sais maintenant. On n'entend pas les musiques qui sont en soi quand on oublie d'être attentif aux sons qui résonnent en permanence, et qu'on peut appeler les sonorités des autres en soi-même. J'avais l'audition des musiques dès l'enfance, et je me suis laissé souvent influencer par elles, et c'est par ce biais qu'elles pouvaient continuer à se mettre en activité dès qu'il s'agissait pour moi de composer.

Je bouillais littéralement quand on n'avait pas pris le temps de venir m'écouter jouer ma dernière composition, et cela m'a usé à un point que je ne saurais expliquer que par mon embarras à être serviteur des bourgeois de mon temps.

J'avais envie de richesse pour m'évader de cette vie en vase clos qu'on pouvait dire insipide, sans une note de musique pour l'égayer. Mes préoccupations étaient d'ordre primaire pour vivre, et cela m'ennuyait profondément. Mais il me fallait ces premiers deniers pour ne serait-ce qu'une miche de pain en guise de repas, et une cruche d'eau pour la soif. Et me laver des journées sans intérêt, que j'ai souvent passées dans les antichambres de ceux qui pouvaient m'aider à travailler sans plus me soucier d'une miche de pain et de quoi me loger ; et dire sans trembler « bonsoir », « à demain » à celle que j'avais épousée et qui n'en pouvait plus de privations.

J'étais d'une certaine façon habile à travailler ma musique, mais malhabile à en vivre. On n'a pas su m'entendre partout où je le désirais, du fait de mon aspect peu amène quand on ne me recevait pas dans les heures où l'on m'avait convoqué. Mais c'était parfois bien trop longtemps après, qu'il m'est arrivé de rebrousser chemin et d'être incapable d'aller m'excuser, en inventant des excuses de convention. Il n'y avait pas à dire sur moi si j'étais resté dans les girons d'un père et d'une mère si heureux d'avoir un fils autant musicien que moi. Mais je voulais leur prouver qu'ils avaient un fils non seulement talentueux, mais qui savait être assez perspicace pour se faire employer par quelqu'un qui reconnaîtrait en lui un compositeur d'avenir, qui lui donnerait fierté de l'avoir soutenu.

Mais au contraire, j'étais très insipide quand il s'agissait de me présenter, et l'on m'a souvent fait attendre à cause de cela, parce qu'on ne considérait pas de façon certaine les musiciens dont le nom n'avait pas encore fait effet dans le monde. On reste alors sidéré d'être obligé de ramper dans les antichambres pour obtenir qu'on vous dise seulement : *Revenez demain, nous serons mieux disposés pour vous écouter !*

J'étais devenu libre de mon temps à un point qui me désolait ; et ma musique heureusement m'a toujours été fidèle, et j'ai pu malgré tout écrire jusqu'à mon dernier temps d'être debout sans tomber d'apoplexie. J'étais revenu de loin parfois, quand mon cœur saignait d'être aussi particulièrement frappé par la destinée, mais de toute mon âme j'étais fier d'être musicien, pour n'en pas pleurer en larmes, mais en notes de musique tenant lieu de consolation.

J'avais horreur de vivre sans mon père, et pourtant il m'a fallu vivre des années sans lui, qui si souvent m'avait aidé à rester debout et continuer vaille que vaille à tenter de me placer quelque part ; lui qui mieux que quiconque connaissait mon désir de musique non pas seulement pour m'étourdir, mais pour malheureusement me faire remarquer des autres. Voilà ma faille, et voilà donc le destin que je me suis offert en ne restant pas même une seconde de plus à espérer que l'on me reçoive pour me présenter au meilleur de moi-même, à ceux qui m'avaient tout de même accepté dans leur antichambre. J'étais de l'orgueil en gerbes d'ignorance d'aimer les autres, et disposais d'une ambition si facile à déceler qu'on me renvoyait aussitôt dans ma faiblesse d'homme trop arrogant pour s'apercevoir qu'il n'avait pas su parler, si même il savait composer.

On ne voit nulle part dans le courrier adressé à mon père ce qui me tourmentait réellement et qu'on aurait jugé si peu conforme à l'idée que l'on se faisait d'un musicien d'une telle musique, que j'étais plus joyeux seul qu'en compagnie. J'étais léger dans ma musique et très incorrectement lourd dans mes rapports avec les autres, et cela n'était pas évidemment à mon avantage. J'étais malade de commettre des faiblesses de composition, et je n'étais pas du tout ulcéré par ce que je me permettais de dire à des personnes qui se vantaient d'être séduites pas un autre que moi. On n'imagine pas la détresse dans laquelle je me trouvais en entendant ce qu'on pensait d'un autre, en ne m'écoutant même pas jouer dans une salle de concert réduite à une antichambre ! J'étais déçu de tout et je faisais le fier, en écrivant parfois qu'on m'avait reçu sans m'écouter, quand c'était moi qui était parti avant que l'on ne daigne me convoquer dans le salon de musique. Cela m'a valu des reproches sans doute derrière mon dos, mais je ne m'invitais pas à les entendre, et pourtant j'étais dans une sorte de misère triste qui m'était si pénible qu'en écrivant à mon père je n'en disais pas la moitié.

Une seule fois, tout de même, j'ai osé me plaindre ; et il ne m'a pas répondu qu'on ne me devait rien, mais qu'il me fallait être patient et faire en sorte de ne pas déranger les gens quand ils n'étaient pas dans l'humeur de m'entendre. C'était une sorte de douceur qu'il voulait mettre dans mon cœur et m'inviter à la patience, mais j'avoue que cela ne m'a pas permis d'être serein ; et de plus, il n'était pas en mesure de m'aider autant qu'il l'aurait souhaité. J'en prenais note, mais cela ne parvenait pas à m'accorder le répit que je désirais tant. Répit de cette hargne du destin contre moi, répit dans les querelles qu'il me fallait faire pour étendre ma connaissance au-delà de Vienne, répit pour ma santé qui n'était pas brillante, tant les soucis l'accablaient.

Mais lorsque je me suis lu en Dieu-amour-même, je n'ai entendu que mon désordre d'amour pour les autres, et rien au sujet de la notoriété que l'on me devait étant donné mon talent de compositeur. Une seule chose était sûre, c'était de m'être souvent senti disposé à quereller ceux qui n'avaient pas compris que j'avais cette chose merveilleuse que d'aimer écouter les musiques qui devaient les charmer tout autant que moi. Il n'était pas écrit dans mon existence qu'on devait être charmé par ce qu'en moi j'avais si bien entendu venir de je ne sais quelle inspiration musicale, qui prenait soin de m'assurer d'être compositeur, mais pas forcément reconnu en ce temps où je prenais note de ce qu'on m'accordait si généreusement. C'était déjà si beau d'entendre ces musiques, et si incroyable de pouvoir les transcrire sans même avoir à faire un effort pour m'en souvenir, parce qu'elles ne me quittaient pas la mémoire tant que je ne les avais pas transcrites sur le papier.

On devrait alors se poser la question de qui est cette inspiration qui ne cesse d'envahir certains et laisse d'autre sans entendre quoi que ce soit d'elle. J'étais curieux de les écrire, mais jamais de me demander qui était cette inspiration musicale qu'on ne voyait pas toujours être là au moment de vouloir écrire ; tandis que moi je l'entendais en permanence et en avais la jouissance sans l'entendre une seule fois ailleurs, ce qui m'aurait complètement affolé. Il n'y avait donc ce genre d'écoute musicale que pour moi, ou correspondait-elle à une chose qui me concernait en particulier ?

En me lisant en l'amour-même-Dieu, j'ai écouté qu'en fin de compte une âme d'amour-même-Dieu était ma source de gaieté ; et pourquoi ne l'inviterais-je pas à m'aider à sourire en toute quiétude sans chercher à faire valoir sa gaieté en mon nom ? On ne se rend pas compte qu'on utilise sans cesse les renseignements que nous donnent les autres en nous-mêmes ; et en les reprenant à notre compte, nous ne donnons pas à la mémoire l'idée de se ressouvenir de ce que nous avons à faire de notre existence, et donc le lien qu'il existe entre tous et toutes de la Terre à jamais. J'avais honte d'inviter mon père à m'aider sans cesse. Pourtant, je n'avais que cette solution pour vivre loin de lui, alors qu'il me suffisait de revenir près de lui et de chercher à combler mon désir de composition sans forcément la mettre en vente dès que reçue. Car en quelque sorte je travaillais à mettre en harmonie mes inspirations, mais je ne travaillais pas à trouver les idées musicales qui représentaient toute ma composition de chefs-d'œuvre reconnus actuellement. J'étais devenu une sorte d'inspiration pour l'inspiration, car sitôt entendue, la musique se formait en maîtrise des harmonies et puis en composition rythmique, et ensuite en relation entre les différentes parties et puis en raccord des thèmes, et pour finir en saisissement d'une coloration personnelle, qui était l'humeur facile à trouver dans les instant où j'étais seul, et impossible lorsqu'il me fallait aller mendier ma part d'écoute des autres face à moi. Je ne comprenais pas pourquoi il m'était si difficile d'être joyeux en dehors de l'instant où j'entendais ces musiques en moi. C'était parce qu'en me regardant face aux autres, j'étais anxieux qu'ils sachent d'où me venaient ces musiques si belles.

Je n'avais jamais pu déceler cela quand je vivais face aux autres mon temps de Mozart. Mais en me lisant en l'amour-même-Dieu, je ne pouvais pas m'imaginer qu'il y avait autant de précision dans ce que ressentaient les gens dans le moment où il agissait d'une manière ou d'une autre. Et lorsque cela me fut lu, j'étais certain qu'il n'y avait aucune autre explication, car cela résonnait du plus profond de moi. L'inspiration me donnait à réfléchir sur moi-même, et moi je la prenais pour moi seul en me désignant comme compositeur de ce que j'entendais, certes en mélodie et non harmonisé, mais qu'en l'harmonisant j'entendais en moi les harmonies, et tout ce que je devais faire pour aboutir. J'avais donc passé toute cette existence de malheureux sans me rendre compte qu'il me fallait seulement être conscient qu'il y avait à m'instruire de cette inspiration, puisqu'il y avait une constante présence de cette voix musicale en moi. Et, par le fait de cette attention à cette inspiration, aller de questionnement en réponse musicale, trouver le fin mot de l'histoire.

Au lieu de cela, je me suis senti propriétaire de ce qu'en moi j'entendais, et non seulement ça, je tenais à ce qu'on me reconnaisse comme tel. J'étais inconscient d'être tout simplement en train de m'interdire d'oser aimer ceux et celles qui n'étaient pas en charme de cette musique. Et à côté d'eux, je n'étais pas mieux pourvu d'une quelconque autorité à les obliger à m'entendre comme j'aimais être entendu d'eux, car parfois cela arrivait tout de même qu'ils soient charmés. Mais après ce charme, l'idée de continuer à m'accepter ne venait pourtant pas. Et c'était cela, ma grande déception, qu'en tout cas je ne comprenais pas, car ils m'avaient porté attention durant l'exécution musicale, et ensuite je redevenais celui qui n'était pas facile à dérider, car anxieux d'être sans pouvoir dire ce qu'en moi j'avais de musique réellement venue d'une source qui m'était inconnue.

J'étais anxieux, parce qu'en redonnant à vérifier qu'il m'était facile d'écrire mes musiques, je n'avais, moi, aucune valeur de compositeur à présenter aux autres. J'étais usé d'être dans l'inconfort de ce qui était mon travail d'amoureux de la musique, et mon choix d'être inspiré par ce qu'en moi j'avais d'envie de musique à écrire. On ne sait pas ce qu'on demande à son existence, quand on rêve d'être ceci ou cela, qui résonne en ce qu'on a déjà fait dans d'autres existences et apparaît soudain dans sa vie présente, sans qu'on puisse comprendre l'origine de cet apport dans sa vie. Mon arrogance de jeune homme prodige est devenue une sorte d'enfermement, et aussi ma désespérance, forcément, qui s'est acharnée à me barrer la route. J'étais inspiré par d'autres en moi sans pouvoir le dire, et j'ai donc joué d'arrogance, puisque je ne pouvais rien dire, et pour souligner le tout, j'étais incapable d'être aussi joyeux que ma musique.

En une phrase, je me suis dépeint dans l'exacte exécution de mon existence. L'idée d'être Mozart est venue de mon père, mais j'aurais tout aussi bien pu lui demander d'en rester à s'amuser ensemble de ce que j'avais de si fort en moi, et que je pouvais exécuter seulement pour accompagner cette inspiration et la laisser choisir ce qu'elle voulait faire d'elle-même.

Toutes les existences sont inscrites en l'âme-une. L'actualité des uns et des autres demeure éternellement. En constatant qu'il n'y a pas de temps dans le rêve, on peut se faire une idée de ce qu'est parler aux autres en soi-même. Le rêve est un endroit de vie et non un endroit d'illusion. Sans le rêve pour aider à répondre à certaines questions, l'humain s'entendrait faire continuellement des cauchemars qui sont, eux, des peurs passées dépendant de ce qu'on actualise dans notre existence en cours. L'idée de temps n'est pas en Dieu-amour, elle reste dans les moyens donnés aux humains pour se répondre à l'idée divine inscrite en eux-mêmes.

Ceux qui témoignent ici sont des hommes et des femmes, et non pas des personnes célèbres. En Dieu-amour-même, il n'y a qu'une seule et même humanité aimante en Lui-même.

Jean-Sébastien Bach

Ma façon de composer est surtout différente des autres par le regard du mathématicien mystique que je me sentais être, qui étudiait les sonorités que faisaient les cordes frappées par le marteau du piano ou frottées par l'archet du violon, qui vibraient à l'unisson sans que l'on puisse arrêter l'ordre des jets musicaux. L'archet du violon ou de la viole est toujours ordinairement plus lucide que le compositeur. Car l'archet chante ce que l'accord lui donne, et le compositeur fait celui qui avait décidé du son. En réalité, il avait en tête le système qui lui donnerait le son, mais pas le son exact du violon ou de la viole.

La découverte dès l'aube des instruments était de pouvoir harmoniser les sons entre eux. Ce qui n'est pas le cas des humains dans la majorité des souvenirs que je garde de ma dernière décision de parvenir à aimer les autres à l'ombre de Dieu ; parce qu'on a beau faire, on aime toujours dans la condition que l'on vous aime tout de même également.

Ma volonté d'aimer les autres est restée sans effet sur mon travail, car je ne composais que pour trouver les arches qui reliaient les harmonies des notes, et faisais le tour du clavier pour redonner l'unique que l'on cherchait à entendre en soi. Les notes suivent le cercle fermé des sons entre eux. Ce qui veut dire que malgré tout ce que l'on a de choix, il reste circonscrit dans l'un. La majesté des accords est en fonction des décisives sonorités des notes de l'instrument. Un accord va être léger sur l'instrument violon, et lassant sur l'instrument piano. Donc, que ce soit en majesté ou en lourdeur, les sons qui s'unissent clairement pour s'ouvrir à un accord n'ont pas de souvenir qu'ils gardent en eux de ce qu'ils sont, exactement comme les humains. Ce qui sonne faux sonne pourtant à l'ordre de l'auteur du son, de même que ce qui sonne juste. Les sons ne s'autorisent pas à s'harmoniser entre eux, mais se juxtaposent comme pour se présenter au possible que peuvent donner les notes au compositeur de sons musicaux, ou morceaux de musique, ou jets musicaux, ou sons simultanés. Écrire de savantes suites musicales m'est décidément resté.

Les musiques classiques sont souvent accordées aux compositeurs qui les extraient de leur humeur du moment où ils les ont écrites. J'ai fait des gammes au clavecin et à l'orgue à ne plus savoir où cela commençait et où cela finissait. Les artistes de ce temps qui se mettent à jouer ces gammes comme si elles étaient des musiques à écouter en silence sont des musiciens atrophiés, car les notes ne sont que des ponctuations des misères de l'auteur de la mise en ordre de ses misères.

Alors, les variations et autres *partite* ne veulent pas dire que j'étais à l'inspiration, mais à la quête de combinaisons musicales. Alors, si c'est pour déceler les combinaisons et en extraire des sirènes qui diraient le beau directement, alors que cela aide ! Je n'irai pas les décourager, mais qu'ils me donnent du Jean-Sébastien Bach avec délectation, cela me semble surfait. D'ailleurs, à les entendre, la musique commence avec moi, alors que sont les prédécesseurs qui m'ont aidé à composer ce que j'estime être ma musique ? S'il me faut écrire des gammes pour me les garder en mémoire sur la partition, ce n'est pas pour être vu comme un musicien de génie.

Le métier de musicien était à mon époque très assisté par l'Église, donc avoir la place de l'organiste était une aubaine. Ce qui m'a fait rester à cette place sans être pour autant le meilleur des croyants, c'est que j'avais des désirs de composer des musiques pour que les gens de la rue entendent les sonorités de mon instrument que je leur dédiais. L'église est l'endroit le plus sûr pour s'abriter, et parfois je me réfugiais dans les sons pour ne pas me sentir si mal d'être protégé des autres calamités des pauvres gens.

Je n'étais pas sûr d'être croyant dans la mesure où les croyants se sentent portés par l'élévation divine. S'il y avait élévation, c'était dans le courant du bien-être de jouer des notes sans les réorganiser en système mélodique. Le choix des notes est primordial pour la mélodie, mais le découlement des notes ne fait pas de place à une mélodie mais à une suite, c'est pour cela qu'il y a dans mes copies autant de suites de notes. Ce n'est pas faire preuve de patience, au contraire, c'est avoir si mal que les autres ne sentent pas non plus la fin de leur misère terrestre. C'était ma quête d'homme qui vérifiait que certains étaient nantis, que d'autres ne le seraient jamais ; et forcément se lamentent face au Dieu des hommes, coupé de la réalité de ces gens-là. Le courant musical est souvent donné par le cœur et non par le tirage des notes. La mélodie qui descend directement des notes provient d'un sentiment particulier, même si on ne s'en rend pas compte tout de suite.

Je ne me sentais pas capable de voler au secours des gens tout seul. Je n'ai donc rien fait pour ça, j'ai seulement joué des notes de musique, et j'ai ainsi pu les recopier et non les disposer pour qu'elles deviennent des pièces de musique de Jean-Sébastien Bach. Les dictateurs des musiciens sont les mélomanes, et non les auditeurs libres de leur écoute, car eux ne savent pas juger, ils écoutent, ne deviennent mélomanes que lorsqu'ils commencent à juger des répartitions des notes en suites, mélodies, concerti, sonates, fugues, contrepoints et autres *pianissimo, andante ma non troppo*… Ce sont seulement des indications de composition, et non l'absolue vérité de cette musique-là. J'ai déjà écouté des centaines et des centaines et des milliers de fois toute ma sourde composition, et j'ai le tournis lorsque l'on parle de mon art musical.

J'étais à l'abri, et je pouvais jouer autant que je le désirais, et cela résonnait tant que cela me donnait l'impression d'être au milieu des sons qui me protégeaient des autres commerces des évêques et autres prélats, toujours prêts à vous mettre hors circuit s'ils s'entichaient de quelque autre musicien. C'était toujours plus significatif d'être dans les bons soins d'un évêque que dans la gentillesse des gens ordinaires. Cela ne m'a pas échappé, et quelle serait ma destinée si je ne m'étais soumis à la bonté de l'évêque ? Si cela était bon pour moi, je dois dire que je n'ai pas le sentiment que c'est par bonté qu'il me donnait cette place si convoitée, mais bien parce qu'il pensait en tirer profit. J'étais toujours le plus assidu des musiciens de ma génération, à créer des suites ou ce que l'on nomme fugue ou partita, parce que j'étais soumis aux hommes des responsabilités des messes à écrire, des chants à produire, tout ce qui donne l'impression qu'on est le pieux musicien au service de l'administration de l'évêque, ou pire, des absolutions de l'évêque.

Ma difficulté d'être le musicien entiché des notes et non des mélodies venait de s'apercevoir que les notes s'étiraient à l'infini, et donc que les suites répondaient à cette difficulté du musicien de trouver des mélodies toujours renouvelées. Les calculs mathématiques des suites de notes fondent leur base de données sur le cercle, et la fugue réalise la droite. J'ai donc fait des droites à l'inverse des mélodies qui réalisent le cercle. C'est ainsi que l'on peut trouver des similitudes à l'absence de fin, et donc l'impossibilité de conclure, et donc l'étouffement. Directement opposé à la ficelle des fugues, il y a le concerto qui aide à corriger les passages résumés dans le final. Celui qui veut me réapprendre devra donc écouter les concertos ou les maîtrises des fugues sans le compte des suites accolées dans le long fil des notes. En se basant sur les premiers temps musicaux, et en réactivant les deuxième et troisième temps musicaux, il verra naître la mélodie des fugues : 1...2...3, et non 123. Les fugues ne sont que des suites logiques de notes qui, si on les joue en les séparant, donnent la mélodie. J'avais observé que les fugues ralentissaient les mélodies, et je les avais donc notées pour moi-même. Si je les ai données à entendre publiquement, je ne les ai pas déclarées œuvres musicales de Jean-Sébastien Bach.

Les notes n'ont pas la mélodie, c'est la combinaison des notes qui assure l'apport mélodique. Donc, une suite de notes sans combinaison n'apporte qu'une ligne de notes, et non une pièce musicale à écouter dans l'idée d'alliance à l'atmosphère du compositeur. Cette suite de notes n'est qu'emportée par l'aspect lucide du compositeur, qui n'en fait qu'une porte pour l'idée d'être dans les soucis de correspondre avec le piano. Le mardi soir après les vêpres, ou le dimanche après les dispositions des messes, j'étais accoudé à la porte du libre choix d'aller sur le clavier dans les deux sens d'interprétation. Cela dit, si le musicien entend la mélodie, c'est qu'il se veut directement en ma conscience d'être le mathématicien des méthodes de correspondance entre les notes soulevées par le courant du musicien et les notes directement assoupies sur le clavier.

Ce qui est étonnant à votre époque, c'est le sentiment d'être plus aguerri que nous-mêmes, qui composions avec le désir divin de trouver la mélodie qui serait accordée aux personnes avec qui nous partagions le siècle. Lorsque j'entends des mélomanes dire du bien des fugues, je pense qu'ils sont en train de vouloir comprendre ce qui se passe dans ces lignes de notes. Alors renseignons-les. Le courant des notes de musique est seulement un courant d'interférence entre le musicien et le clavier. Lorsque l'un d'entre nous forme sa mélodie, il respecte le clavier et se plie à l'interférence des notes du clavier qui, lui, se laisse intentionnellement diriger par le musicien. C'est exactement ce qu'il laisse à dire avec le musicien : je garde les notes que tu n'utilises pas, et je te donne celle que tu veux. Mes suites dans leur ensemble sont dans le courant du magnétisme du clavier. Lorsque j'avais des douceurs à vivre, je trouvais le pianoforte plus compréhensif, et donc j'ouvrais d'autres portes de l'interférence entre les notes et lui et moi.

Le clavier est l'endroit de ma vie où j'ai le plus pensé à la combinaison des notes de musique et à la combinaison des êtres humains. J'attire l'attention sur le fait qu'il n'y a pas de mélodie dans une suite de notes, et qu'un musicien qui s'entend dans la musique qui rejoint la ligne et non le cercle est dans l'instant sans fondement. Car le cercle reste l'instant de l'homme. Le courant de la mélodie est circulaire et le courant de l'étude est linéaire. Il n'y a pas de génie dans le courant linéaire, il y a des formes d'envie de combiner les nouveautés formées dans la ligne. Les courants des mélodies se définissent dans l'humeur du musicien. Les misères ou les joies sont directement invitées dans la mélodie, et seulement dans la mélodie. Les suites n'ont aucune humeur. Et c'est la déshumanisation des notes qui réfléchit le temps qui passe sans amour, mais pour le courant du temps qui passe sans amour pour les autres. Les gammes ne parlent pas aux personnes, elles se donnent à dégourdir les doigts de l'acteur qui porte le nom de musicien. La dispute entre les moments de piano et les moments de vie est inscrite dans la misère du piano, qui dicte seulement des contrepoints.

Je dirai que ma fissure était dans la distance que j'avais mise entre l'évêque et moi. Je comprenais qu'il faille donner une direction aux hommes pour s'allier à l'infiniment grand, mais je ne voyais pas dans l'instant d'une messe ce qui nous élevait à Dieu. L'instant de la messe est si fugace et si plein de rituel qu'il n'y a pas de place pour l'instant de courage d'être uni à l'infiniment grand, que l'on ne peut supposer être cet homme souffrant sur la Croix.

J'ai fauté dans le souvenir d'aimer les autres en Dieu en moi ? Pas plus qu'un autre, mais souvent j'ai entendu des musiques divines qui m'absorbaient, et qui ne me donnaient pas la sagesse de les reproduire pour les autres, car elles semblaient me dire qu'elles n'iraient pas plus loin qu'en moi car je n'y avais pas droit. Ce que je sais être faux aujourd'hui, car l'idée divine qui est en chacun est aussi ce qu'en moi j'assemblais en mélodies, et pourtant j'en passais des plus belles, que je ne saisissais pas totalement. Alors, dire aujourd'hui que j'avais cette croyance en l'élévation des hommes, c'est m'interdire d'être moi-même. Et ce que ne savent pas les hommes, c'est que tout ce qui est dit d'un décédé est entendu dans les confins des mondes. Le courant ne se rompt pas en Dieu, mais ce sont les vivants qui pensent être plus vivants que les décédés. Il faut aujourd'hui rompre le silence, et dire à qui veut l'entendre : passer votre chemin dans l'instant est passer ce chemin en tous.

Les notes ne sont que des sons qui ne s'attendent pas à être sûrs d'être la combinaison d'une mélodie qui bercera le cœur des hommes, mais seront sûrs d'exister en chacun. L'instant d'une musique est l'écoute et non le jugement. Celui qui écoute sera toujours plus près de l'amour-même que celui qui étire son jugement, tout en voulant être séduit par ce qu'il voudrait dire lui-même dans ce qu'il n'est pas en mesure d'écrire. Le confort du critique est passé dans l'oubli de ce qu'il écouterait en lui, qui l'aiderait à disposer du talent d'être en l'instant de la musique.

J'ai fabriqué des systèmes, et non des œuvres à jouer. Effectivement, l'on peut se servir de mes systèmes pour composer des matériaux susceptibles de créer des mélodies attachées aux suites de notes. Les mélodistes savent qu'une mélodie opère la combinaison du clavier qui reste à la disposition du compositeur. C'est à dessein que j'ai appelé cela une fugue, à cause de la fuite du thème dans la succession des notes.

Mais dans la composition d'une fugue, on ne doit pas s'endormir sur la sensation de répétition dans la composition, mais dans le regard de gradation des avancées de notes vers une boucle interminable. Si l'on se réfère à la gradation d'une ligne mélodique, on se trouve très rapidement à la fin de la mélodie dans l'idée que l'on a de saisir une chose harmonieuse qui a un début et une fin. Dans l'art de la fugue, s'il y a un début de composition, il peut n'y avoir pas de fin quand on revient à la première note, on ne termine qu'une suite d'enchaînements qui appelle à l'organisation de la suite suivante. S'il fallait demander à un pianiste de dire ce qu'il ressent quand il *joue* une fugue, et ce qu'il ressent quand il *écoute* une fugue, on saurait exactement où il en est de lui-même. L'art de la fugue m'est venu dans le temps où j'étais maintenu à mon poste, pour n'avoir pas de reproche de celui qui m'avait engagé pour remplir les fonctions de maître de musique.

Mais dans l'ardeur de composer des musiques qu'il faut appeler sacrées ou profanes suivant l'accord du supérieur, il faut avoir alors des envies de s'amuser un peu, pour n'être pas qu'une machine à fabriquer des musiques que l'on décrétera sacrées ou non. Une fois qu'il y avait des espaces pour m'accorder des recherches, pour laisser aux autres le temps d'approfondir la découverte que j'aurais faite, je ne me privais pas d'user de mon lieu pour travailler à mes propres préoccupations.

On pourra me voir comme calculateur ou comme génie de la musique basée sur la participation des relations entre les notes de couleur blanche et celles de couleur noire, ou seulement comme un musicien curieux des composantes des sons dans la montée et la descente du clavier, sans tenir compte des mélodies tassées entre deux notes sur trois, jusqu'à faire toutes les gammes possibles, et sans non plus s'arrêter de suivre ces notes qui négligent la mélodie enfermée en elles. Entre les notes, il se passe des vibrations qui ne s'accordent pas forcément avec la note voisine, mais avec celle qui est deux points plus loin, ou trois points plus loin, dans la montée mais aussi la descente.

Si bien que si l'on écoute les notes du point de vue des compositeurs de musique dite classique, on remarquera que les notes dansent dans l'harmonie de trois notes, et non d'une autre qui se trouve au-delà des trois notes. L'harmonie musicale est donc partie du fait d'intercaler la note dite entre deux notes muettes, alors que la note dite est partie prenante des deux autres suivantes et des deux autres descendantes.

Lorsqu'on veut chanter juste, on doit regarder la couleur des notes qui vibrent dans la note portant la fraction de la mélodie, jusqu'à les entendre toutes tout au long de la mélodie. L'oreille humaine n'entend pas toutes les résonances en conscience, mais le corps tout entier les entend, et c'est ce qui fait qu'on se sent appelé dans une musique ou pas. Ce n'est pas forcément d'ailleurs au même endroit pour tout le monde. L'instrument de musique fait l'inverse de l'oreille. Il projette le son, l'oreille absorbe le son, et donc il y a une légère distorsion au moment d'inspirer la musique par l'oreille. Les velléités d'une grande performance d'écoute musicale ne traduiront jamais l'écoute de sa musique intérieure à soi.

Les sons que l'on perçoit à l'intérieur de soi n'ont pas de résonance perdue, ils sont purs d'intensité et d'exactitude du son produit par les ondes musicales en soi. Le son projeté est disponible différemment pour les personnes qui l'écoutent. Le son intérieur est celui qu'on n'a pas à projeter, mais qui, dès qu'on l'extériorise, perd de sa luminosité musicale. L'expertise d'une note devrait suffire pour démontrer qu'elle est d'abord dans une tonalité intérieure, puis se complète dans une tonalité légèrement différente quand elle est entendue par l'oreille de la personne qui l'écoute.

Les tourments des musiciens sont, d'une certaine façon, remplis des contrefaçons des musiques qu'ils ont écoutées avant de se mettre à leur composition personnelle. Ils n'entendent pas qu'ils copient des séries de notes, parce qu'ils sont persuadés d'être en train d'écouter leur propre source d'inspiration. On n'est pas seul quand on écrit de la musique, tout comme on n'est pas seul pour toute autre chose que l'on valorise.

L'origine des musiques vient d'une source sensible aux ondes humaines, et non pas aux ondes divines. Lorsqu'on compose de la musique dite *sacrée* par l'évêque, elles n'est pas dans la vibration d'aimer, mais dans celle de l'humain qui cherche à se représenter ce que peut être monter jusqu'à Dieu. On ne s'élève pas vers Dieu, on marche en Dieu. L'idée d'être dans l'envol de l'âme reste humaine et non divine. L'âme et l'esprit accompagnent ou n'accompagnent pas l'amour en soi.

Je ne me suis jamais senti porté par la musique dite sacrée, mais je me transportais jusqu'à l'étude de ce qui pouvait sembler s'envoler musicalement, et permettre à ceux qui examinaient la composition commandée d'en être satisfaits, pour ce qu'elle leur donnait l'impression d'élévation. Un compositeur connaît les rapports entre les notes et les effets des gammes mineures et majeures, et peut sans se tromper oser parler d'élévation musicale là où il a mis ses notes de musique disposées en fuite ver l'esprit d'élévation. Chacun est conditionné par ce qu'il voudrait entendre dans son âme pour se dire plus près de Dieu. Mais dans l'incertitude d'être dans le courant des choses divines, il saisit ce qui lui donne l'illusion d'aller au-dessus de lui-même. Pourquoi vouloir s'élever dans les moments où l'on se plaît à regarder de quel côté peut être Dieu ? Parce qu'il y a une misère profonde en l'âme humaine qui a oublié ce qu'elle a à réaliser sur terre.

Mon temps d'exposer ma musique a duré suffisamment longtemps pour qu'en me regardant partir au jour de ma mort, j'aie été satisfait du travail accompli. Mais en m'écoutant en Dieu-amour-même, j'écoute que j'ai seulement fait l'effort de rester assis à ma place de musicien, sans chercher au-delà des apparences ce que pouvait être vivre dans un milieu d'hommes disant des messes sans aucune conviction, et empêchant les autres de vivre à leur manière. J'étais athée de ce que je voyais des manigances des évêques, mais j'ai fait exactement comme si je ne l'étais point, et devais en tout temps me contrôler pour que cela ne transparaisse pas. Mes heures passées dans ce lieu de prière et d'incantation à Dieu n'ont pas pu me donner l'envie de me consacrer à connaître Dieu. Mais de toute évidence les prêtres de mon temps n'avaient pas cela en tête et personne n'est venu leur chercher des misères comme ils en cherchaient aux gens, pour paraître s'occuper des âmes de la population. L'âme n'est pas demandeuse d'élévation, elle se pose la question d'aimer ou de ne pas aimer les autres, et l'esprit dicte à l'âme ce qu'il comprend de la situation.

Il n'y avait personne pour me contrôler parce qu'on avait déterminé que j'étais croyant, mais je devais ne pas m'inviter à faire des actes d'insoumission parce qu'il ne m'aurait pas fallu attendre longtemps pour être privé de mon travail. Les musiciens de mon temps étaient obligés de se mettre sous la protection d'une chapelle quelconque, parce qu'ils n'auraient pas pu travailler en toute quiétude. Les humeurs étaient à prendre en considération pour n'être pas dans l'instant jeté dehors.

Dans ma bonne vie, j'ai eu à ne jamais me soucier d'être gardé contre mon gré, parce qu'en ne me voulant pas là où j'étais, j'aurais tout simplement eu les plus grandes peines du monde à m'insérer ailleurs. Le temps de composition me prenait des heures, et jamais je n'ai eu à me plaindre d'être à composer des heures, pour la raison que cela m'envoûtait littéralement. L'intention des musiques que je trouvais dans mes recherches des contrepoints possibles entre les notes majeures et les mineures était d'apporter la preuve qu'on n'évoluait pas musicalement, puisqu'on revenait toujours au point d'origine. On pouvait laisser courir les notes en tous sens, mais elles reviendraient immanquablement à leur point d'origine. Pourquoi cela ne m'a-t-il pas donné l'idée d'un tout, qui pouvait être composé de multitudes, mais restait tout de même un ensemble indissociable. Il m'a fallu mourir pour en savoir davantage sur les compositions que j'avais faites, et qui me troublaient sans que je puisse dénouer l'écheveau des indications que cela me proposait.

Les ondes humaines sont des ondes que l'on peut interpréter musicalement parce qu'elles varient suivant les ombres qu'elles créent, ce qui change leur longueur ou espace ou vibration. Il n'y a pas d'onde divine qui change, parce qu'en Dieu-amour-même, c'est seulement Aimer l'humanité qui vibre éternellement.

J'étais dans les ondes musicales, mais pas dans les ondes divines, et bien évidemment, j'aurais seulement à renseigner de ce que je sais maintenant, et non prétendre l'avoir su dans l'espace de prière à Dieu où je me trouvais. L'humain que j'étais devenu après tant d'années d'exercice de la composition musicale n'avait pas changé d'un pouce du jour où il est entré à ce poste jusqu'à son dernier jour où, mourant, il a tout de même demandé, sait-on jamais, d'être pardonné pour ses manquements à la loi de Dieu.

Grandement libéré de cette croyance, j'ose enfin m'interdire de me soumettre à cette façon d'invoquer Dieu qui n'avait pas, en cette église où je travaillais, allure d'amour pour l'humanité, mais dévotion incontournable pour garder les mains ouvertes à son poste de travail. C'était ma chance d'être engagé, et pour des raisons de conviction religieuse, allais-je me passer du Dieu des croyants ? Mais rester à faire semblant sans chercher autrement où était la faille, parce que, indubitablement, il est une chose qui nous renvoie tous à aimer les autres, me portait seulement à négliger ce qu'en moi j'avais de toute éternité. L'amour-même nous unit à ce que nous sommes en lui-même, mais nous évitons de nous engager sans preuve, or c'est en nous que sont toutes les preuves.

Le décès ne sépare pas les vivants et les morts, mais les vivants se pensent séparés des morts. Nous étions entrés en relation, Georges Moustaki et moi, durant ses dernières années d'homme chanteur. Il m'était arrivé de lui tenir compagnie quand il avait trop d'angoisse. Nous parlions de la vie qui était dans la mort, et c'était parfois Jacques qui lui adressait une lettre, pour l'encourager à considérer qu'il n'était pas seul. Mais prendre la décision d'accompagner l'amour-même-Dieu en l'amour des autres reste toujours personnel. Au moment où il était déclaré décédé, il était parlant en moi-même. Puis, au jour de l'enterrement il se mit au piano sous mes doigts, chantant dans ma voix. S'il avait pu faire cela, c'est qu'il avait décidé de rejoindre ceux qui en lui-même l'avaient aidé à se ressouvenir d'aimer les autres. Tous n'acceptent pas, et c'est leur choix.

Georges Moustaki

L'histoire de ma vie était fondée sur les ouvertures musicales, et non sur la voix. J'avais des raisons de penser qu'on n'avait pas besoin d'un susurreur de première, mais de quelqu'un qui avait deux trois idées d'écriture, et une bonne musique populaire pour dire le tout. J'avais raison pour deux choses au moins, celle de n'avoir pas suffisamment de voix pour prétendre être un grand chanteur, et celle d'avoir suffisamment d'accords à ma guitare pour composer des musiques plus présentes même qu'une forme d'instrumentation des mélodies créées.

J'étais consentant pour partager ma vie avec des relations de passage, et peu importe ce qu'elles étaient, depuis la nuit des temps ou depuis seulement trois secondes. L'interdit que j'osais, c'était d'être sans préambule si j'en avais marre d'être là où j'étais, et quand on me cherchait, je n'étais déjà plus là. Cela pouvait paraître grossier, mais pourquoi rester là où je m'ennuyais ? J'étais conscient qu'on me regardait non en tant que chanteur de variétés, mais en temps qu'homme d'une certaine communauté, qui ne la suivait pas partout, mais avait encore quelques relations avec ceux qui la fréquentaient. On n'a pas compris ma chanson *Le Métèque*, parce qu'on a pensé qu'en l'écrivant j'avais quelque chose à revendiquer. J'étais comme une femme joyeuse, et j'étais fier d'avoir une certaine forme d'humour pour me moquer des gens trop sérieux. Il n'y avait pas de manière de penser plus autrement bonne que celle de me faire croire qu'on me suivait dans ce que je disais partout où je le disais. Ensuite, on n'avait pas besoin de moi pour exister, et cela m'arrangeait grandement parce que je n'avais pas d'effort à faire pour répondre non. C'était ainsi qu'on m'a jugé bien peu ouvert à ceux par qui j'avais pris le premier rôle devant les autres. Si l'on tient compte des croyances religieuses de ma communauté de naissance.

Par chance, les premiers rôles ne m'intéressaient pas et les derniers non plus. Ce qui me faisait rire, c'était d'être dans des endroits où personne ne pouvait savoir qui j'étais, et ainsi j'étais complètement libre de faire ce que je voulais. L'histoire de ma vie est donc fondée seulement sur le principe des vases communicants et dans l'invention d'une mélodie pour en parler à mon gré. J'avais des envies de faire de ma vie des bulles de savon, et c'est à peu près ce que je suis parvenu à faire.

Ou bien l'on est fou du métier d'artiste chanteur, ou bien l'on choisit de faire ce métier pour rêver toute la journée à ce spectacle qu'on fera le soir, pour détendre les gens qui, eux, auront travaillé toute la journée. Il faut bien être lucide, parce que sinon on se prend les pieds dans le tapis, et on finit par se faire des bleus partout pour rien. J'avais compris qu'on me donnait des bases solides pour n'avoir pas à m'intenter des procès trop pénibles, mais d'un autre côté j'étais complètement sans base pour chanter mes chansons, et j'ai tout appris par le temps des spectacles, où j'étais en train d'écouter mes erreurs et de m'enfermer quelques jours pour les corriger, jusqu'à celle, suivante, que j'aurais repérée pour la corriger également. J'étais donc assez lucide pour me corriger directement dans l'exercice de mon métier, et assez fou pour n'être jamais forcé d'avoir à me justifier de cette mélodie ou de cette chanson gentillette qu'en scène je m'amusais à chanter, en me disant que parfois les gens avalaient n'importe quoi. On plaisante par dérision, parce que les gens vous prennent pour ce que vous n'êtes pas et en font tout un plat qu'ils voudraient vous faire avaler. Et les plats réchauffés comme ils les resservaient, cela n'était pas pour moi. J'aimais des plats cuisinés frais, des femmes jolies et gentilles pour les déguster avec moi. Cela ne dit pas pourquoi je suis là à vous parler de moi.

J'étais en train de crever de mes poumons souffreteux, quand un ami m'a offert de me faire rencontrer la compagne de Brel qu'il avait vue soulager des gens à l'île Maurice. J'étais bien trop mal pour refuser. Elle est venue chez moi, et nous nous étions d'ailleurs déjà rencontrés vingt ans plus tôt dans le coin où elle avait une maison. Tout ce qu'elle a fait a résonné en moi comme un coup de tonnerre, et j'ai eu l'impression qu'elle ouvrait quelque chose en moi. Deux jours plus tard, je respirais mieux, mais cela n'était pas le but de son intervention. Elle me soignait pour m'aider à ouvrir ce coin d'actes délibérément fermés aux autres que je traînais dans mes poumons. On ne se rend pas compte de la portée de ses attitudes hiérarchisées pour avoir la paix qu'on désire pour soi. Elle m'a fait des séances à plusieurs reprises, et chaque fois je respirais de mieux en mieux. Seulement, les choses qui étaient ancrées en moi depuis des générations n'avaient pas pu sortir sans mon consentement, c'est-à-dire mener une vie plus ouverte, intérieurement j'entends. Mais toujours est-il qu'en m'adressant à elle, j'ai pu entendre ce qu'elle vivait, et qui m'a donc grandement aidé pour prendre ma décision après le décès. Déjà, elle m'avait fait parvenir une lettre de Jacques Brel et elle m'avait donné des nouvelles de Piaf ; dans les deux cas, j'avais pu observer qu'elle était directement dans l'intention d'aider à comprendre, et non de se vanter des possibilités que cela offrait que d'accorder sa vie à l'amour originel en soi. Elle m'a donc fait lire cette lettre où j'avais l'intuition que Jacques se tiendrait là pour m'aider à passer, parce qu'il semblait évident que mes mois étaient comptés. En relisant cette lettre, à plusieurs reprises, j'entendais : « À bien vite, nous serons là. » Et en effet, il n'a pas fallu longtemps pour que cela soit exactement ce qui s'est passé entre Jacques Brel et moi, qui chantais déjà quand on m'enterrait. Avec ma soulageante amie au piano, nous avons chanté, et pensions très sincèrement à ceux qui étaient au cimetière et qui se trouvaient bien sérieux d'avoir à enterrer Moustaki. On n'a pas l'habitude d'entendre ces choses-là, et sans doute n'a-t-on pas envie d'entendre qu'on s'amuse pendant que les gens pleurent, mais c'est exactement ce qu'en l'amour originel, elle et moi, nous avons fait ce jour-là.

On ne pouvait pas faire abstraction des croyances des gens, et quand on lui a donné le mot de passe pour entrer au cimetière, elle a seulement dit merci, et rien d'autre. Nous ne nous étions pas quittés, et désormais étions plus proches du fait de l'osmose que l'on retrouve en l'amour des autres.

Pas une fois on n'a dit : « Formidable ! » à quelqu'un qui affirmait parler aux décédés. Et là, il ne s'agit pas de parler aux décédés, mais d'accompagner ce qui, en l'amour-même-Dieu, existe bel et bien : l'humanité. L'on se sent si petit quand on se voit éloigné de l'amour-même-Dieu, quand en réalité il est en chacun de nous. On n'a pas idée de ce que cela fait que d'entraîner des gens à sortir d'une chance d'oser aimer les autres comme l'amour-même-Dieu aime en tous. Et croire qu'ils agissent pour le bien de ces gens-là ! On n'a pas idée d'une chose pareille, parce que depuis des générations, tout est fait pour qu'on se lamente sur le passé, et sans en faire quoi que ce soit pour l'avenir, sinon perpétuer les erreurs et donc les manques d'amour pour les autres. On n'a pas besoin de croire en l'amour-même-Dieu, on vit l'immensité d'aimer. Croire sans vérifier, ça, tous les croyants le font. Dans toute façon de dire les choses, il y a toujours l'intention de convaincre, alors on trouve des moyens pour développer ses arguments et on y réfléchit longuement. En l'amour-même-Dieu, il est impossible d'avoir à argumenter, parce que les arguments sont pour préciser ce qui n'est pas directement dans ce qui est dit. En l'amour-même-Dieu, il n'y a que l'exacte chose à dire, et non ce que l'on croit être ce qu'il faudrait dire pour qu'on soit convaincant. Convaincre, c'est vouloir imposer sa façon de voir. Il n'y a pas à convaincre en l'amour-même-Dieu, parce qu'on est libre d'aller ou pas là où l'amour-même-Dieu est en soi, afin d'aimer comme il aime toute l'humanité. L'histoire n'a pas d'autre but. L'amour-même-Dieu aime et n'impose rien.

L'artiste est toujours une personne sensible qui demande à être écoutée. Mais quand on regarde les gens dans la vie, ils demandent tous à être écoutés sans pouvoir l'exprimer par un art quelconque. C'est en leur nom que les uns et les autres qui ont pu s'exprimer par un art parlent ici. Tant de gens se reflètent dans l'histoire de ces artistes, qui tentaient comme eux de réussir leur vie. Il n'y a pas de gens inconnus de l'amour-même-Dieu.

Claude Nougaro

L'histoire de ma vie repose sur deux éléments, la poésie et le chant. Rien de bien fondamental pour vivre, mais un peu tout de même.

***

Ma ville était Toulouse
Mon cœur était de blues
Ma vie était de rouge
Mes femmes douces.

Ma ville était de bleu
Teinté d'écarlates rimes
D'un poète fougueux
Partisan d'une mise
En sonnante musique
Qui dirait ses mots feux
Pour éclairer sa ville
D'un poète heureux.

Ma ville était Toulouse
Mon cœur était de blues

Ma vie était de rouge
Mes femmes douces.

La ville était de rouge sang d'encre bleu,
Sur ma poitrine nue d'enfant de poésie
J'avais rêvé d'être champion de rimes
Mais j'avais fait facilement l'heureux
Pour quelques vers écrits à l'encre de Chine
Qu'un éditeur passant refusa d'inscrire
À sa collection de poètes chanceux
D'être dans la mémoire vive
De tous ceux qui chantent la poésie
Des poètes vivant leur chant d'aimer
Sans rien demander, toute l'humanité.

J'étais amant de femmes, et non d'humanité
J'avais fait de cela une sorte d'été,
Où j'étais au chaud dans leurs bras fermés
Sur mon ventre de poète oublié.
J'avais fait de cela mon gagne-amour pour rien
Qu'un moment passé sans angoisse de demain
Mais à cette fantaisie j'ai passé ma vie
À ne plus me demander pour qui
J'étais venu passer ma vie ici.
J'avais tout seulement oublié
Qu'une vie voulait seulement aimer,
Aimer tout librement, toute l'humanité.

***

La poésie n'est pas si riche d'aimer, elle cherche plutôt qui pourrait bien l'aimer. J'avais à cœur de dire mes poèmes de Gascon, et rien que de les dire me donnait l'air d'avoir besoin qu'on m'encourage à n'être plus farci de cet accent qui cogne comme Gascogne, et rien pourtant n'avait plus d'importance pour moi qu'être dans le fond un faiseur de chansons de Gascogne poésie. Mais être poète rend très malheureux qu'on n'aime pas vous entendre à tous les coins de rue. Et vous rendez visite à vos amitiés d'ivresse qui aiment à boire vos chansons, et vous servent dans l'instant l'alcool d'intention d'amitié, qui vous défend d'être trop sensible à l'indifférence qui vous fait faire de ces méchantes envolées sur l'âme des gens qui n'aiment pas la poésie.

Lorsque je t'ai rencontrée, femme de couleur brune, tu revenais de ces îles Marquises pour quelques mois en France, où tu avais famille et amitiés d'artistes qui ne te connaissaient que d'être l'amie de l'homme qu'ils aimaient à aimer.

J'étais de ces personnes qui aimaient à te rencontrer, parce qu'en t'approchant, on approchait un peu de cet homme que j'aimais. Il n'a pas fallu longtemps pour que j'écoute en moi ces paroles de Brel quand il avait annoncé qu'il arrêtait de chanter, quand j'ai vu avec qui il était parti à l'autre bout de son monde pour vivre autrement qu'en se brûlant d'amour et le cœur en cendres, comme il aimait à le pleurer sur scène. J'étais disposé à écouter que tu lui parlais, sachant qu'il était toujours vivant ; et j'étais disposé à l'écouter m'encourager à ne pas mettre ma vie dans cet état d'incapacité d'arrêter de la détruire par des choses qui n'étaient même pas poésie.

Mais dans les étoiles il y a des choses qu'on n'achète pas, et tu es repartie dans tes îles où tu étais restée à vivre, autrement que ceux qui restaient seulement à s'attendre à Paris. Car c'est tout ce que l'on faisait les uns et les autres, de jour en jour, de soir en soir, et quand tu revenais, nous en étions encore au même point.

L'histoire serait banale si chaque fois tu ne nous avais pas parlé de ces communications que tu avais avec Brel, avec ton homme d'amour. Tu as fait toujours ce discours, et maintenant nous voyons de nos yeux d'ondes humaines ce que c'est d'avoir la connexion, ou encore ce que cela signifie d'aller jusqu'au bout des choses, et ne pas se laisser intimider par les sceptiques ou même les réprobateurs d'une telle idée.

Nier n'est pas constructif, puisque le néant doit avoir des explications à donner pour dire qu'il n'existe pas. Comment sont les anges dans le paradis ? Celui qui dit cela doit se demander si les anges existent vraiment, et si le paradis existe également. Nous avons découvert en Dieu que les anges n'existaient pas, car ce sont les alliés de l'idée divine qui sont ces intervenants dans la vie de ceux qui demandent de l'aide pour aimer. Mais où est ce paradis ? Nous avons vécu la mort, et rien. Ni paradis ni enfer. Mais en l'amour-même, nous voyons qu'aimer en Dieu qui aime les humains, c'est vivre le paradis sur terre. Et les décédés qui sont toujours en chacun, en ondes humaines, sont également au paradis d'aimer lorsqu'ils décident d'accorder leur vie à l'amour divin en eux-mêmes. C'est probable qu'on ne parvienne pas à comprendre tous les mécanismes de la mort, toujours est-il que nous sommes vivants et que nous intervenons dans la vie des gens aussi souvent qu'ils cherchent le chemin d'aimer sans rien attendre en retour.

Il n'y a pas de commune mesure entre avoir des croyances et vérifier l'acte d'alliance avec Dieu-amour en soi-même. Nous témoignons pour cela, non pour dire que c'est comme ci ou comme ça qu'il faudrait vivre. Dire que les décédés n'ont pas d'incertitude serait faux, mais dire que l'amour-même diffuse l'amour pour l'humanité en tous n'est qu'une chose que tous ici nous vivons.

L'histoire de chacun est seulement un exemple d'intention de vie, et non une façon qu'il faudrait ou ne faudrait pas vivre. La liberté est celle-là, aller son chemin comme on le désire. Mais lorsqu'on se demande à quoi cela sert de vivre comme on s'est imposé de vivre, il y a des réponses inscrites en soi-même.

Avant d'être en marche vers ce que l'on veut accomplir dans l'existence en cours, on a déjà achevé d'autres choses en d'autres existences. L'idée de conquête de soi par l'artifice des réalisations ordinaires empêche d'être en connexion permanente avec l'or d'aimer les autres en l'amour-même-Dieu qui est toujours et à jamais en soi-même. Il arrive que l'on se base sur l'idée d'être au bon endroit au bon moment pour sentir qu'on est à sa place définitive, mais c'est l'erreur de croire qu'une réalisation est extérieure à ce qui œuvre en soi-même pour aimer les autres. L'acte de vivre n'a pas d'interprétation autre qu'aimer, et c'est cela la note juste, celle qui allie toutes les dispositions à vivre sur terre, mais uniquement dans l'amour de tous et toutes.

Michel Berger

Ma façon de concevoir le chant était fondée sur le principe de la note juste, et non du pouvoir de chanter fort. Même si j'en avais les capacités, je ne me voyais pas chanter fort. J'étais inspiré par le chant des oiseaux. Les oiseaux chantent sans forcer le timbre de leur voix, si j'ose m'exprimer ainsi. Lorsque tu chantes des chansons calmes, tu sais que le son est ce que les autres vont entendre en premier, il doit donc être conforme à la sonorité de la note que tu veux souffler. Mes chansons à texte étaient là pour vérifier que l'on écoutait ce que j'avais à dire. La plupart des fans écoutent le chant.

Moi, je voulais que l'on écoute ce que j'avais à dire, c'est pour cette raison que je n'ai pas chanté trop rythmé, pour que l'on m'écoute un peu plus que la musique qui m'accompagnait. La musique était essentielle dans au moins les trois quarts de mes chansons, dans le rythme de l'accompagnement, mais dans un quart d'entre elles, c'était le chanteur qui était l'essentiel. Pour dire ça, il m'a fallu comprendre pourquoi je voulais tant chanter en public. Il était reconnu qu'une fois parvenu à chanter en public, le chanteur de variétés était sans moyen de s'imposer en tant que philosophe chantant. Même les plus grands avaient des difficultés à faire reconnaître le fond même de leur désir de chanter. Je voulais éviter les malentendus. Je me suis acharné à tenter de ne pas perdre de vue le fait que je voulais aimer les autres. Oui, mes autres. J'en ai eu des sueurs froides parfois, car ce n'était pas si facile d'aller contre les pouvoirs de l'ombre. Ma force d'aimer était bien fragile devant les défections que j'ai ressenties comme une trahison infernale. Pleurer m'a été d'un grand secours, car les larmes vous incitent à regarder votre comportement, et vous avez parfois le sentiment que vous êtes dans l'impasse par votre initiative. Les femmes pleurent de chagrin et les hommes se cachent de chagrin. J'ai caché tant que j'ai pu et puis j'ai fini par écrire des chansons pour les autres, afin d'oublier que j'étais seul devant mon chagrin d'aimer, en attendant qu'il soit reconnu comme l'amour des hommes.

Les larmes de pouvoir sont toujours trop salées.

Ma génération avait mal compris ce que je voulais dire dans la chanson *Le Paradis blanc* ? Non, car je n'ai pas dit exactement ce que je voulais faire croire aux autres qui n'écoutaient pas ma musique. Je voulais qu'ils m'écoutent autrement qu'en me jugeant en tant qu'interprète de mes chansons, et ils n'écoutaient alors que ma voix fluette qui pouvait, je le conçois, déplaire aux mâles du milieu des artistes. J'ai regardé des anges blancs dans mon rêve d'aller au paradis des artistes, plutôt que dans le paradis des gens qui n'avaient pas de talent pour composer de la musique ou pour s'exprimer artistiquement ailleurs.

J'étais content d'être artiste, parce que ce faisant, j'échappais à l'ordinaire de la vie des autres. J'avoue qu'être plus sourd à l'ordinaire qu'aux paillettes de la vie d'artiste de variétés m'a englué dans la mélancolie que dit l'acte de négliger les autres pour soi, être à l'abri du quotidien.

J'étais rêveur et plus encore mélancolique. J'avais dans le cœur une sorte de truelle qui creusait un sillon s'approfondissant à mesure que je vivais des moments sans amour, pour les gens qui m'assaillaient de leurs problèmes que je ne pouvais pas résoudre à moi tout seul. Ma famille d'amitié m'a convaincu d'être seulement à mon travail de compositeur et auteur, mais j'étais mal de ne faire que des choses pour ceux qui s'y intéressaient, et rien pour ceux qui ne s'y intéressaient pas. J'ai fusionné avec la femme que j'ai épousée, pour ne pas être ailleurs que chez moi avec elle et les enfants qui viendraient. J'avais eu si mal d'avoir été rejeté une première fois par une femme, j'ai donc sauté sur l'idée de ne rien vouloir d'autre que la personne qui voudrait de moi. L'instant où je suis mort de rage d'être enfermé dans cette sorte d'idéal sans avenir pour personne, j'ai cru que j'allais disparaître dans les profondeurs des limbes du paradis blanc. Voilà l'histoire de cette chanson.

La disposition que l'on a à répondre à l'infamie reste de ne pas s'étonner qu'on vous laisse tomber pour des prunes trop mûres. J'ai entrepris de n'avoir aucun chagrin apparent pour pouvoir parler correctement à ceux qui me parleraient d'elle. Mais dans le fond, j'étais écrasé de chagrin. On sourit faux et on en prend l'habitude. J'ai seulement participé à n'avoir pas de regret pour l'avenir que je voulais radieux entre ma femme et mes enfants. Mais c'est toute une histoire, qui n'entre pas dans la composition artistique dont j'ai hérité de ma volonté d'être capable d'écrire des chansons internationales.

L'idée de cette fameuse chanson, *Le Paradis blanc,* a surgi dans un rêve d'écouter les anges me dire qu'il ne fallait pas être aussi mélancolique, qu'il y avait des paradis où les artistes étaient à l'abri des gens qui n'étaient pas capables d'écouter les anges de l'inspiration. Je ne comprenais pas ce rêve. Il m'intriguait, mais ne me renseignait pas sur ma mélancolie. À présent, je l'écoute dans l'amour en moi et j'entends : « Tu as rêvé de n'être plus à courir après l'idée d'aimer les autres ailleurs qu'en toi-même. » J'étais anxieux de réussir ma vie d'artiste, mais pas du tout de réussir ma vie d'homme, car je me croyais arrivé là où je voulais arriver, dans le monde artistique. C'était cela ma mélancolie. Je rêvais de paradis d'amour éternel, et je me cantonnais dans le rêve d'écrire des chansons qui diraient l'amour des gens, comme *Résiste*, qui dit qu'on ne doit pas abandonner sa marche au loin. Je reprends le titre de Brel, parce que nous avons tous fait cette marche au loin de nous-mêmes. J'ai observé que les titres de mes chansons ressemblaient à des appels à l'acte d'oser aimer les gens, mais sans que je sois averti de comment les aimer, tout comme Brel. Les envies sont pressantes, mais les volontés sont des facilités qui n'ouvrent que les dispositions, et non les actes.

On n'a pas cessé de me pourrir la vie avec les envies de sourire à l'abêtissement des gens en leur proposant des textes qui n'évoquaient que des histoires d'amour passées ou à venir, jamais existantes en somme, puisqu'on se nourrit d'espoir et de désespoir d'espérer trouver la personne qui nous aimerait aussi fort qu'on l'aimerait. Comme toujours les malentendus, dit Brel souvent, mais en réalité, ce ne sont que des ententes des maux des hommes qui ne sont pas correctement entendus. J'avais personnellement refusé de m'investir dans les querelles d'auteurs à textes, et ceux qui n'avaient rien à dire d'autre qu'aimez-moi, je suis bien mieux qu'Untel.

Je n'ai pourtant pas réussi à ne pas regarder ce que faisaient les autres, et trop souvent j'ai rêvé de les dépasser. La distance qu'il y avait entre moi et mon goût pour le chant était énorme. J'aimais écrire des textes qui collaient avec les musiques de ma sève artistique, descendue de je ne sais où pour m'aider à supporter de vivre parmi les gens qui n'avaient pas ce talent d'écrire des musiques comme moi. Je dis cela en me lisant clairement en l'amour-même-

Dieu, et j'entends qu'on dira ne pas reconnaître Michel Berger. Mais le Michel Berger qui s'est montré si gentil avec tout le monde était le mélancolique qui n'avait pas réussi à atteindre son but. J'explique cela dans une chanson non connue, qui disait qu'on était responsable de sa vie jusqu'à ce qu'on sache pourquoi on était venu sur terre pour la vivre. Les archivistes seraient loin d'imaginer qu'on peut se relire si facilement de là où l'on est en Dieu. Les comptes rendus des lectures de vie en Dieu sont assez rudes, sinon terrifiants. Mais il en reste une connaissance exacte de ce qu'on a cherché à réaliser. Et une vision très nette de ce qu'en réalité on a montré de soi. Il ne faut pas croire à l'honnêteté de celui qui dit aimer son public. Il fait comme s'il aimait son public, mais en réalité demande que le public l'apprécie au point de venir le voir chanter aussi souvent que possible. Personne n'est dupe. Il ne faut pas cesser de traquer la vérité, parce que c'est par elle qu'on arrive au but. Nous visons des choses qui nous semblent importantes dans notre existence, mais en réalité il n'y qu'un but essentiel que nous avons tous à atteindre : aimer l'humanité sans attendre en retour.

L'intention d'être différent est prise avant la naissance, et non pas en se fondant sur ce que l'on rencontre dans l'existence. Il n'y a pas de sexe en l'amour-même, il n'y a qu'une famille d'ondes humaines au cœur d'aimer en l'onde amour-même-Dieu. S'il fallait interdire quoi que ce soit aux humains, il n'y aurait pas d'existence humaine. L'humain doit retrouver son origine divine qui est ancrée en lui-même, et ce qu'il fait pour cela n'a pas d'accord en Dieu-amour-même, puisqu'il s'en émancipe pour exister terrestrement par le corps. L'onde divine qui est amour-même-Dieu n'a pas de valeur autre qu'aimer. N'aimer pas ceux qui se choisissent dans le même sexe n'est pas aimer en Dieu-amour-même.

Maurice Béjart

Les enfants sont clairvoyants. Je me souviens qu'un de mes camarades m'a déclaré du haut de ses dix ans qu'il me fallait être plus discret lorsque je regardais les garçons. J'étais si ennuyé d'avoir été surpris qu'il m'a fallu des années pour oser regarder les hommes dans l'attirance que j'avais pour eux. L'homme de la rue est dévisagé parce qu'il est d'une allure élégante, ou négligé, ou particulièrement patibulaire. Moi, j'étais dévisagé parce qu'il y avait dans mon regard bleu une inquiétude latente. J'étais jeune au moment de la discrimination des juifs, des Noirs, des homosexuels. La guerre avait ravagé les esprits et je n'osais pas me regarder dans le miroir, tant j'avais l'air inquiet.

Lorsque j'ai été autorisé à me consacrer à la danse, j'ai tout de suite pensé à me préserver des attirances qu'on ne pouvait pas manquer d'avoir dans l'expression des corps. J'étais confronté à la nature de mes attirances, et à l'obligation de me contrôler au cas où cela m'arriverait de tomber sous le charme d'un autre.

Après des années de pratique d'abstinence, j'ai fini par accepter d'être moi-même. J'entendais des acteurs parler de l'attirance pour leur partenaire, et j'ai compris qu'il ne s'agissait pas seulement d'homosexualité. Forcément, l'on s'approprie ce qui vous cause du soulagement. Lorsque j'ai rencontré l'homme idéal de corps à qui je pouvais oser offrir ma chorégraphie pour le mettre en valeur, je n'ai pas hésité une seule seconde et je me suis senti libéré du poids de la société.

La danse m'a aidé à parler aux autres d'une manière égale. Quand on est désolé d'être ce que l'on est, et qu'en plus on ne vous veut pas comme interlocuteur, il faut se demander pourquoi l'on est comme on est. Je me suis demandé pourquoi j'étais plus attiré par l'amour d'un homme que par celui d'une femme. Je n'ai jamais eu de réponse avant ma lecture d'existence.

On n'est pas attiré par l'autre sexe, mais par ce qu'il nous évoque. L'homme homosexuel cherche à aimer ce qu'il est quand il cherche à aimer l'homme face à lui. Une personne aime une autre personne, mais un homosexuel aime l'autre personne qui est comme lui. Il n'y a pas d'interdiction d'apporter une clarté à ce que l'on dit être homme et à ce que l'on dit être femme. L'interdit d'aimer l'autre qui a le même sexe que soi est de nature humaine, et non pas en l'amour-même-Dieu. Il y a des ondes humaines en l'amour-même-Dieu, et non des genres.

L'enfant que j'avais été se souvenait d'avoir eu peur des remontrances de ses parents, et s'était bien gardé de leur parler de ses attirances, jugées à l'époque comme une punition pour les parents, avant que ce ne soit une réelle difficulté de vivre en toute confiance pour l'enfant. On se disait parent démoli par l'acte dégradant du fils, et on regardait ailleurs chaque fois qu'on évoquait sa résistance à rentrer dans le rang. Marie, mère de Dieu, était la personne à qui je m'adressais dans mes prières. Elle était une mère, elle pouvait comprendre le fils que j'étais. Je l'ai suppliée de m'enlever cette attirance si décriée par les bien-pensants, mais j'étais entre le marteau et l'enclume, car je sentais que cela était profondément ancré en moi. Je voulais être comme tous les autres hétérosexuels, et mon corps disait non.

J'ai regardé des hommes en ne me montrant pas. J'ai fait l'homme virilement intéressé par la danse pour n'avoir pas à me justifier. J'ai fait l'homme sûr de ses choix, pour n'être pas le chorégraphe évidemment efféminé qui se penchait sur le corps de ses danseurs. Il me fallait paraître plus homme en tout ce que je faisais, et parfois je n'avais envie que de m'envoyer à la casse pour toujours, surtout quand j'avais des chagrins d'amour. La génération suivante a été moins mal accueillie, bien que les réticences demeurent encore à l'heure actuelle. Mais au moins pouvait-on en parler entre personnes concernées, et non concernées par cette attirance qui mettait le feu dans des familles.

Lorsque j'ai regardé comment m'élever de cette mort absurdement accrochée à des vivants qui ne vous entendent pas, j'ai appelé à l'aide dans le désespoir le plus profond, et enfin j'ai entendu des voix amies qui m'enseignaient de vérifier l'amour que j'avais en moi. J'ai aussitôt reconnu les voix de ceux qu'il me fallait écouter. J'étais sidéré d'avoir autant d'acuité. Dans une masse de voix, reconnaître celle que vous devez écouter m'a vraiment réconforté. J'ai entendu l'histoire commune à tous et j'ai enfin compris qu'il n'y avait pas d'erreur à aimer qui on voulait aimer.

Dans la mort on retrouve ceux que l'on a aimés, appréciés, et j'étais heureux de voir apparaître celle pour qui j'avais une admiration sans borne : Barbara. Elle était la voix que je reconnaissais entre toute et elle était accompagnée de celui dont la force m'avait soutenu si souvent,

Jacques Brel. Ils étaient tous deux en compagnie de milliers de gens qu'ils connaissaient pour s'être alliés à l'amour des hommes. Ils m'ont aidé à saisir l'enseignement qu'ils tenaient de l'amour-même-Dieu. Et me voilà ici écrivant mon histoire, conscient d'avoir dit oui à l'amour éternel en moi, pour aimer l'humanité.

Je n'ai pas été banni de l'amour-même-Dieu, je n'ai pas rêvé d'être plus grand que ce jour où, dans l'idée d'être mort, j'étais tout de même vivant et répondant oui, je veux être celui qui aime sans attendre en retour toute l'humanité. Oui, je veux être de ceux qui s'allient à cet amour en soi, pour aider d'autres à concevoir l'expérience de l'existence autrement qu'en farces et attrapes dont on se sert pour faire croire que l'on s'amuse à vivre des banalités et rien d'autre. Oui, je mesure la distance entre mon existence d'hier et celle d'aujourd'hui où je sens mon âme ouverte à ce qui aime en moi. Enfin, je suis libre d'aimer et libre éternellement.

L'idée qui vient tout de suite, quand on parle de mourir d'amour, est de ne pas se sentir aimé de l'autre. Or l'amour que l'on a pour l'autre, s'il demeure, devrait pouvoir permettre de vivre puisqu'il est éternité. S'il n'est pas ce vivant éternel, il est de nature à demander en retour, et il n'est pas en l'amour-même-Dieu.

Maria Callas

Tu as connu les salles prestigieuses, et tu pleures parce qu'il t'a quittée. Oui, je l'aimais à en mourir. N'avais-je pas le droit de choisir l'amour que je voulais donner, plutôt que le succès ? N'avais-je pas le droit d'éprouver celui qui m'avait dit m'aimer et qui ne m'aimait plus ? N'avais-je pas le droit d'avoir la chance de chanter divinement, comme on le disait, et aimer malheureusement ? Oui, malheureusement, car je n'aimais pas l'amour que je donnais, mais espérais l'amour que je voulais. Oui, malheureusement, car j'étais totalement en dépendance de son vouloir m'aimer ou ne pas vouloir aimer que je l'aime tout de même. Oui, malheureusement, car je l'aimais de tout mon cœur aimant, je ne savais pas ne rien demander en retour. Les hommes de ma vie m'ont adulée, puis laissée tomber comme une midinette. Sauf mon ami des premiers contrats. Celui-là a tenu à m'accompagner, malgré ma désertion de son amour pour moi.

Je savais que le succès ne faisait pas la valeur d'une personne comme moi, qui vivais sur terre avec timidité et sérieux. Soit dit en passant, j'ai hurlé de joie lors des premiers succès. Mais cela m'a vite passé, car je me suis rendu compte que jamais je ne parviendrais à chanter comme je le souhaitais.

Je voulais être la première à connaître l'idéal des longueurs d'onde que j'écoutais à la radio ou au piano ou à la télévision, ou encore en chantant. La longueur d'onde que je désirais restait hors de ma portée. J'étais sûre d'entendre des sons que je ne parvenais pas à reproduire dans la sonorité de ma voix.

Croyante, je l'étais. Mais comme nous tous, je croyais à l'immortalité divine, mais hors de moi. Jamais un prêtre ne m'a parlé de la force d'aimer en Dieu, qui nous délivre du mal, amen. Jamais aucun prêtre ne m'a dit que Dieu était en moi et que je pouvais directement l'atteindre dans l'être qu'Il était en moi, sans aucun intermédiaire. Juste Dieu et moi. Carnage, t'a dit Barbara, c'est exactement ça. Oui, quelle utopie ! Vouloir vivre Dieu sans l'image de Dieu. L'image de Dieu que nous avons cru être une personne, alors qu'il s'agissait de l'amour de Dieu à vivre.

J'étais très anxieuse, et surtout très préoccupée par ma voix. C'est le lot de tous les chanteurs classiques. La voix est l'instrument sur lequel nous comptons, et avec sa fragilité nous sommes trop persuadés qu'elle ne nous servira pas comme nous le désirons au moment où nous sommes en représentation. La voix est ce que j'avais de plus beau en moi, et pourtant cela ne m'a pas empêchée de la malmener lorsque je n'étais pas sur scène. La malmener par les larmes qui ont coulé si souvent en elle.

C'est assise sur mon lit durant des heures que je restais là à évaluer mes chances de retrouver Onassis. C'était sans espoir, je le savais, mais l'espoir était aussi ce qui me tenait dans ma vie de concertiste. Malheureusement, les concerts qui se faisaient largement en moi étaient ceux des larmes qui ne se tarissaient pas.

Bien que je sois célébrée par tous, pour le talent qu'ils me reconnaissaient, j'étais seule à savoir que je n'étais pas la femme divine qu'ils croyaient rencontrer lors des concerts disputés dans mon cœur solidement aliéné au chagrin.

Ma vie d'artiste est pour moi la vie d'une femme étrangement paranoïaque, qui ne comprenait pas qu'elle était sollicitée seulement parce qu'elle avait une voix claire et lumineuse. Paranoïaque j'étais, et paranoïaque je suis restée toute ma vie. C'est vrai que j'avais la voix divine des divas, mais pourquoi toujours me considérer comme une diva, et non comme un être humain qui a des désirs d'aimer, et surtout des envies d'être aimée en retour. Juste en retour, et pas plus. Je ne pouvais pas seulement me contenter de chanter. Je voulais être la femme aimée, la femme dont on désire un enfant. J'attendais.

Lorsque j'ai fait l'acte de me suicider, je me suis ratée exprès pour entendre ses commentaires. Dans le fond, je rêvais d'être aimée pour la femme que j'étais et non pour la diva qu'on me donnait à tout va. C'est toujours le même chagrin d'artiste. Se voir aimé pour ce qui est notre destin d'artiste et se voir abandonné parce que nous ne sommes pas désirés comme des êtres humains désirant aimer et être aimés. C'est toujours une tristesse de voir que les amours qui nous sont accordées ne sont pas exemptes de fin désastreuse. Les autres qui ne sont pas des artistes auraient-ils d'autres qualités que nous n'avons pas ?

J'ai dit oui à la carrière de chanteuse classique, et non à la carrière de chanteuse de variétés, parce que j'imaginais que les hauteurs de notes donneraient de la hauteur à mes amours aussi. C'était comme si je me voyais vérifier que le classique était supérieur aux variétés. Dire que je l'ai compris dès le départ serait faux, mais en chemin, c'est bien ce que j'ai cru et je m'y suis tenue. Comment m'abstraire de ça ? Je n'étais pas dans le cas d'une chanteuse dite de variétés et je n'ai jamais cru bon d'écouter les chansons de cet ordre ; non pas parce qu'elles ne disaient pas la vérité des chanteurs, mais parce qu'elles ne s'élevaient pas dans le son divinement interprété par les chanteurs classiques. C'est bien parce que moi aussi je me laissais aller à me considérer comme autrement plus altière que ces chanteuses de variétés qui se complaisaient, pensais-je, à fredonner leur chanson sans les dessiner par le son.

Dessiner le chant des notes était pour moi le but suprême à atteindre. Dessiner les notes une à une sans en oublier aucune au passage. Est-ce que cela n'aurait pas pu me faire me ressouvenir de l'idée divine ? D'autant plus que la divine voix que j'avais ne se tarissait jamais lorsqu'elle était dans la lumière des projecteurs, de l'étude soignée et sonore à souhait. Aux quatre coins du monde, il m'a été rendu des hommages et des hommages pour mon destin scénique et spécifique dans le chant classique, mais qui aurait aujourd'hui le désir de m'inscrire dans le destin d'une femme ordinaire – qui chantait divinement, certes, mais qui ne demandait pas plus qu'aimer l'homme qu'elle aimait à en perdre le respect d'elle-même.

Que n'ai-je pas fait pour qu'il me regarde à nouveau ! Que n'ai-je pas tenté d'accepter pour qu'il ne s'éloigne pas de moi ! Que n'ai-je dit à mon cœur pour donner le change en public ! Que n'ai-je contrôlé mes larmes pour qu'elles ne m'inondent pas sur scène. Oui, j'ai follement été amoureuse de cet homme et je n'ai pas su l'abstraire de mon cœur, malgré les humiliations et les déchirements des réponses qu'il me faisait sans broncher d'un cil. Quel mal avais-je en moi pour ne pas l'écraser dans l'action de haïr ce qu'il m'attachait au cœur ? J'étais sans doute, et sûrement même, trop aveuglée par l'amour de mon cœur.

L'histoire des désirs d'ouvrir l'amour à tous est miséreuse. La liberté d'écrire le roman de sa vie me pousse à décrire les ombres du temps où j'étais Maria Callas et qu'il me fallait rester la première des cantatrices, et non l'une des cantatrices. Pour moi, il ne s'agissait pas d'être une cantatrice parmi les autres, il me fallait être *la* cantatrice du moment. Les personnages des histoires lyriques ne sont que des médiums par lesquels les chanteurs se font reconnaître comme les meilleurs, sinon ils savent qu'ils retiendront les rideaux et rien d'autre. Mon courage à l'époque était de m'astreindre à répéter les lassantes liesses musicales que sont les vocalises, et c'est peu de dire qu'elles étaient lassantes, car vouées à réduire les fautes du chanteur, et non à lui donner de l'éclat.

Les vocalises m'énervaient au plus haut point. Avec les professeurs des livres qui lisent les notes et se contentent de donner la note, et puis dire : Oui... plus fin... plus léger... plus doux... plus subtil... plus sévère... plus misérable... plus... J'en avais assez, mais j'ai continué pour redire à tous comment je m'attachais à réussir à vaincre mon malaise d'aimer, être la talentueuse cantatrice qui ne marchait pas au succès, qui était la volonté d'étreindre la lumière des lieux et la faire rejaillir sur le spectateur et l'auditeur qui serait abasourdi par l'ouverture des voix de celle qu'il entendait. Devenir les voix, et non une voix tissée dans les vocalises. Comme les volontés d'assembler toutes les corrections des dieux et les danser en chaque note et dire avec satisfaction : Me voilà ! J'ai réussi à dire les corrections des dieux. Aucune faute, aucune distorsion entre le désir de chanter et l'exécution des notes du chant. Ma référence était le calvaire du Christ, en cela qu'il a dû vivre le lien divin et qu'il a pu rester définitivement le bien pour l'humanité.

Mon parcours a été malheureux en la vie de couple ? Non. Car le talent aide à volontiers se faire ordonner la meilleure cantatrice, et donc l'homme de pouvoir savoure d'avoir la meilleure cantatrice. Et donc l'homme de pouvoir m'a conquise, et j'admets m'être laissé conquérir, et même aimer dans l'amour de cet homme. Et puis ma liesse a sombré dans le désespoir d'aimer à mon tour sans résultat. Qui savoure l'amour dansé en lui sait qu'il est le meilleur, car il ne demande pas d'être aimé, car il ne demande pas d'être déposé dans l'accord des autres. Qui dit : « Je t'aime, m'aimes-tu ? » aura toujours à souffrir de la réponse, quelle qu'elle soit. Car le tourment de celui qui demande est d'avoir à demander.

La meilleure cantatrice a dû se marteler la voix pour rester la cantatrice à la voix ciselée et parfaitement assurée, et donc sans rivale. Je n'aspirais pas à me voir reléguée à la deuxième ou la troisième place. J'avais le tourment de perdre la seule chose qui me tenait en vie, ma voix. L'amour m'avait laissé tomber, et si la voix en faisait autant, j'avais des réponses toutes préparées aux questionnements des questionneurs du monde lyrique. D'abord, avoir la voix attachée à son attirance pour la gloire est déjà synonyme de défaite. Puis, avoir la voix malmenée dans les corridors des larmes est marque de défaite. Puis, ne pas arrêter de pleurer parce qu'on ne vous aime plus est marque de défaite.

Il n'y a plus de larme, il n'y a plus de passion qui s'essouffle, il n'y a qu'aimer en l'amour-même-Dieu.

L'esprit d'équipe relève du désir de se sentir solidaire pour une même cause. L'esprit d'équipe pourrait alors se trouver dans l'humanité d'emblée. Mais l'esprit d'équipe se maintient toujours pour réaliser des choses de l'ordinaire. Les gens vivent sans se voir en train de vivre pour une cause commune.

Jean-Louis Barrault

L'histoire est intéressante ! Dire qu'en t'engageant pour le rôle de Jobarbara dans *Le Soulier de satin*, j'aurais fait acte de clairvoyance ? Évidemment non. J'avais remarqué qu'en toi il y avait de la simplicité, et j'avais besoin d'une femme naïve dans le vrai sens du terme, et donc simple pour le rôle. Il s'agissait d'être près de la grande femme que décrivait Claudel, et rien d'autre. J'y ai ajouté la danse que tu as bien voulu improviser tous les soirs de représentation, et nous étions tous là dans les coulisses à te regarder faire ce numéro, rare dans un théâtre comme le nôtre. L'Odéon était un lieu de prestige où l'on parlait la langue des auteurs qui en valaient la peine. Bien qu'en en réécoutant certains, j'avoue que cela sonne un peu creux. Mais laissons cela ! Sans ta grande vision d'aimer l'humanité, j'aurais tourné encore longtemps dans les énervements de voir comment le théâtre a perdu de sa générosité, et comment les acteurs visent d'abord à être remarqués, plutôt qu'à jouer les textes qu'on leur soumet. Il n'y a pas de meilleur temps pour vérifier qu'en se calant dans la notoriété, on n'a pas d'autre but que de se faire aimer. Or à bien regarder, se faire aimer serait directement à l'opposé du but. Dans la mesure où j'ai le plaisir d'être mort avant d'être jeté par-dessus la rambarde, j'avoue qu'en découvrant par ta décision qu'il y avait mieux à faire qu'enrichir les ombres, je ne regrette pas d'avoir accepté d'être l'un des volontaires pour t'engager.

J'ai été collé à ta vérité dès qu'en te voyant écouter la réponse des autres, j'ai réalisé qu'il n'y avait pas de distance entre le vivant et le décédé. J'ai voulu alors t'annoncer ma décision d'alliance avec l'Amour originel, et me voilà t'écrivant mon histoire.

Les Enfants du paradis est le film qui m'a fait connaître. J'étais un jeune homme sûr de moi. J'étais si empli de théâtre que je croyais à ma vocation de comédien de théâtre et rêvais à tout ce théâtre que j'allais pouvoir vivre à travers lui.

J'ai su que j'étais devenu célèbre le jour où je me suis rendu compte qu'il y avait des personnes qui m'écoutaient au théâtre et qui revenaient m'écouter. C'était une façon de me faire à l'idée que je ne pourrais pas dire n'importe quel texte sans l'avoir aimé moi-même. J'avais un profond respect pour le public. Je n'étais pas de ceux qui voulaient des applaudissements pour ce qu'ils donnaient de leur art en scène pour élever l'esprit des gens. Je les acceptais volontiers quand il s'agissait d'applaudir la grandeur des textes que je défendais.

Ma vocation artistique date de ma jeunesse, et je n'ai jamais su qui m'avait fait naître aussi amoureux de l'art théâtral. Mon sens du théâtre était inné. J'étais au théâtre l'homme que j'aimais. À la ville, j'étais l'homme que je fuyais. Je me fuyais littéralement. Mes partenaires ne me reconnaissaient pas sur scène. Ils se disaient qu'il y avait deux Jean-Louis Barrault, celui de la scène, car c'était bien le premier, et celui de la ville. Mais en réalité, j'étais si passionné par les rôles que je jouais que je ne m'intéressais pas vraiment à mon rôle de la vie ordinaire, qui était d'être l'homme d'une femme, ou l'homme qui a soif ou qui a faim. J'étais d'abord l'homme de théâtre, allié à un personnage ordinaire dans l'ordinaire de ma vie.

Je suis celui qui n'aime pas rester sans lire ou écrire ou parler de théâtre. Je suis celui qui cherche constamment à redire le texte qu'il a écrit, de vive voix.

Je n'étais pas croyant absolu en Dieu, j'étais sympathisant avec ce qui ressemblait à une perfection donnée. Quand j'ai abordé Claudel et son *Soulier de satin* et d'autres pièces qui jouaient dans ce décor, j'ai cru un moment que je pourrais être croyant. Mais si j'ai cru cela, ce n'était pas parce que j'étais devenu croyant par l'aspect religieux des textes de Claudel, mais j'étais dans ce que l'on pensait du divin quand je travaillais ces pièces.

En attendant Godot, par exemple, me procurait un plaisir immense. *En attendant Godot* devrait être à l'affiche tous les ans. C'est une pièce qui porte à réfléchir, et c'est ce que devrait proposer le théâtre vivant. Si on sort d'une pièce en réapprenant à réfléchir, cela peut aider les gens à ne pas s'enfermer dans des a priori.

J'aurais pu être un artiste de théâtre pendant mille ans. C'était ce qui me faisait espérer de la nature humaine. J'aurais souhaité vivre mille ans pour tout explorer de la qualité d'amour que donne l'auteur quand il pense à ceux pour qui il écrit. Mais je dois dire que l'auteur écrit généralement pour s'affranchir de ses propres tourments. Beckett, par exemple, pour ne pas le nommer, est un homme qui a perdu espoir en l'être. L'être qu'il était se sentait dépossédé de ce qu'il aurait aimé déclencher chez les autres par son amour pour les autres. Beckett aimait les autres en ce qu'il donnait sa vie pour les convaincre de s'aimer un peu plus, en faisant plus attention à ce qu'ils vivaient, mais de ce fait il a été intransigeant sur ce qu'il captait de la nature humaine, pour les décider à se regarder vivre. Comment et pourquoi ? J'aurais su que Dieu était de notre côté, je crois que je L'aurais associé volontiers à mon travail.

Comme dans le théâtre où les comédiens s'écoutent penser à l'action qu'ils jouent, les humains devraient être plus attentifs à leur folie d'aimer réellement la valeur humaine, et non le temps qu'ils ont à tenir l'action d'être sur terre. Ma fatalité d'être le comédien de théâtre et l'acteur de cinéma a tout apporté au sens profond de ma vie. S'il fallait recommencer les mêmes choses, tout ce que j'ai fait, je le referais.

L'instant d'après, j'aurais des envies de recommencer encore, tant j'ai eu de plaisir à vivre cette vie de comédien et d'acteur, homme de théâtre dont le seul but était de répondre à l'acte de partager avec d'autres cette dimension théâtrale qu'on portait tous en soi. Madeleine Renaud m'aura passé beaucoup de mes caprices d'homme voulant passer plus de temps au théâtre qu'avec elle. Elle me savait passionné et elle m'a permis d'en faire mon jour et ma nuit en permanence, et j'avais peine parfois à ne pas déployer tout mon savoir pour allonger le jour et la nuit au théâtre. Il fallait se reposer de temps à autre. Et je m'arrangeais pour n'avoir pas trop de fatigue accumulée, pour ne pas m'enfoncer dans une cure de sommeil qui m'aurait fait perdre toutes ces heures de théâtre et d'intériorisation des pièces que j'avais l'idée de marquer de ma façon de les jouer, face à ce public qui m'avait suivi depuis tant d'années. L'armure qui me protégeait des attaques des jaloux était ma force théâtrale et non mon puissant pouvoir de discussion de mes raisons de travailler de telle ou telle manière. J'étais avant l'heure une personne d'une profondeur inouïe dès qu'il s'agissait de parler de ce qui me passionnait. Mais à l'idée d'être à patauger dans des histoires d'administration ou de finances parce qu'il fallait rentabiliser telle ou telle décision de théâtre, je n'étais même pas capable de défendre ma position autrement qu'en soulignant la nécessité d'offrir aux spectateurs un théâtre digne d'eux. Il me semblait qu'on nourrissait trop souvent le public d'émotions qu'il vivait à longueur de journée, et on n'arrivait pas à lui donner l'envie d'une chose plus subtile qu'il aurait plaisir à apprécier des années durant. C'était ce qui me faisait continuer à mettre en scène des auteurs qu'on ne voyait pas si souvent au théâtre, du temps où j'étais à l'œuvre. J'étais ouvert à toutes les propositions d'auteur parlant d'une montée des interdictions d'existence de l'art théâtral comme une forme d'activisme pour l'intelligence intellectuelle.

L'histoire de Beckett *En attendant Godot* est pour moi l'exemple le plus tourné vers la question de l'existence de Dieu, et pourtant on n'en parle jamais ouvertement. On regarde ce qu'on fait de sa vie, et ce qu'on pourrait en faire seulement si l'on se positionnait autrement, mais on n'a toujours pas de solution plus satisfaisante qu'une autre, puisqu'en définitive on n'a pas l'impression d'être plus heureux en faisant une chose plutôt qu'une autre. Il m'a semblé qu'il disait cela pour lui, mais qu'il pouvait aussi le dire pour tout individu se demandant ce qu'il faisait là sur terre. Moi, j'étais bêtement heureux d'être ce laps de temps en train de faire des choses qui m'intéressaient, et donc je pouvais me permettre de proposer du Beckett, pour tous ceux qui comme lui n'avaient pas l'impression d'être heureux plus qu'une seconde par jour, dans les meilleures conditions de vie sur terre. Lorsqu'il s'agissait d'échanger des points de vue sur l'existence de Dieu, j'étais partant, parce qu'en définitive cette question était incontournable, car bien des hommes et des femmes fondaient leur existence sur cette interrogation et sur la nécessité des religions en découlant.

On n'était pas sûr de l'existence de Dieu, mais le fait de n'en être pas sûr influait sur la manière de faire les choses. Mais que l'on veuille que cela soit la réalité, cela ne permettait pas de le vérifier. Il n'y avait personne pour dire que tout lecteur d'un livre reconnu livre de religion puisse, en tournant la dernière page, dire qu'il avait changé et qu'il avait entendu Dieu à travers ces pages qu'il avait lues. Mais lorsqu'on veut croire, on peut simplement espérer qu'une chose nous fera décider d'être vraiment croyant ; et nous courons après cette nécessaire conviction pour tenir notre croyance solidement accrochée à notre esprit et vivre dans l'idée que propose cette croyance. Malgré cela, on n'a pas d'intérêt majeur à croire, puisqu'il n'y a qu'une manière de croire qui existe dans l'esprit, et non la valeur exacte de ce à quoi l'on croit.

J'étais demandeur d'une façon d'aimer le théâtre, d'abord, et puis d'une façon de concevoir la divinité, ensuite. J'avais été élevé dans la religion chrétienne, et l'on n'avait pas fait de laïus sur l'intention des religions, mais sur ce que l'on devait croire pour être des croyants de religion chrétienne. Ce qui est affaire de manipulation et non affaire d'explication claire sur ce qu'en croyant on pouvait comprendre de notre vie. J'avais la chance de pouvoir recomposer les réponses qu'on trouvait de-ci, de-là, dans différentes pièces de théâtre, et donc d'entreprendre d'exposer l'une ou l'autre d'entre elles pour amener le public à s'affranchir des textes religieux et avoir sa propre opinion. J'étais en quelque sorte plus intéressé à indiquer des passages à étudier personnellement chez soi, puis revenir au théâtre pour en voir l'interaction dans sa position d'homme ou de femme, face à la question de l'existence de Dieu dans sa vie.

Une façon d'entendre peut faire changer d'opinion ou au contraire la renforcer. J'en étais conscient. Mais en général, c'était dans l'ordinaire la manière exacte de vivre toute sa vie en se familiarisant avec cette idée-là plutôt qu'une autre. Une personne n'est pas toujours maîtresse de ses opinions, puisqu'elles sont le fruit de cueillettes multiples accordées à son propre système d'interrogation sur la vie. Sans m'en apercevoir, j'étais constamment interrogatif sur l'idée de vie et de mort que je pouvais entendre dans les textes qu'on m'avait présentés comme dogmes religieux. Pourquoi aurais-je suivi les dires de Claudel, si cela n'était pas une de mes interrogations ? J'avais compris en l'écoutant dans son vallon d'étude pour la rédemption qu'il voulait se persuader d'être accepté par Dieu-même. Il n'était pas décidé à m'en dire plus et j'étais resté discret. Mais lorsque j'ai joué sa pièce *Le Soulier de satin*, j'ai retenu qu'il était sûr de lui. Je me suis appliqué à l'écouter particulièrement dans son théâtre pour faire en sorte que son propos soit celui qu'il voulait entendre jouer. Il m'avait fait l'impression d'une femme perdue dans la misère d'avoir à renoncer à son amour pour l'homme qu'elle aimait à en mourir. Car elle se sentait déjà morte d'avoir à vivre sans lui. Il regardait la femme jouer d'astuces parce qu'elle aimait l'homme de sa vie qui lui échappait, parce qu'elle était déjà épousée par un homme qu'on lui avait imposé. Paul Claudel n'avait pas besoin de plus pour dire qu'en épousant l'ordinaire on perd l'idéal à vivre. Mais l'ordinaire, c'est la vie dans le péché, et en renonçant à la vie dans le péché, on atteignait Dieu au prix d'un sacrifice de l'amour pour une autre personne. L'histoire couramment jouée porte davantage sur l'idéal d'une femme qu'elle ne peut atteindre puisqu'elle est déjà mariée. Mais cet idéal touchera cette femme si elle consent à se priver de l'idéal qu'est l'amour pour cet autre homme que son époux. Elle perd l'homme de sa vie, l'homme qu'elle aime de toute son âme, mais retrouvera Dieu dans ce sacrifice. Voilà l'élévation de cette phrase finale : *Délivrance aux âmes captives*. J'étais content de moi dans la lecture que j'en avais faite, mais en lisant ici Paul Claudel, j'étais très loin de cette transposition de l'amour qu'il n'a pas pu atteindre et dont il a fait une façon d'aller à Dieu.

L'acte que l'on réalise est déjà inscrit dans l'histoire de l'individu, et dire par les mots ce qu'il n'y a pas dans l'intention de l'acte est impossible. L'humain se déguise avec les mots, mais il ne parvient pas à être satisfait de ce qu'il prétend et que l'intention ne porte pas.

Paul Claudel

Le Soulier de satin m'a apporté la reconnaissance que je cherchais à atteindre. Les succès se sont enchaînés après cela, comme une sorte d'invitation à ne pas abandonner les couleurs que j'avais choisies. La religion, Dieu, les idées d'élévation, tout cela faisait partie de mon suaire. J'en avais relu des versets de la Bible pour n'avoir pas l'air d'inventer les paroles que je faisais dire à mes protagonistes. L'ivresse du succès me hantait jour et nuit et j'ai choisi d'aller vers le mystique pour attirer les personnes sensibles à la foi en Dieu, au mystère de Dieu, à la Vierge Marie, à tout ce qui représente l'idée d'élévation. J'entrais dans les églises pour regarder les gens prier et m'inspirer de leurs attitudes pour rassasier ma verve d'écrivain mystique. L'un des rôles de l'auteur est de suggérer aux lecteurs sa complicité avec ce qu'il écrit. Je voulais absolument que l'on m'entende comme croyant et non comme auteur créant des situations d'intérêt religieux. L'idée d'être appelé m'est venue, lorsque j'ai lu que tous les mystiques se disaient appelés à Dieu. J'en rêvais, de cet appel de Dieu. Et je me suis convaincu d'avoir été appelé, cela m'aidait à renforcer ma croyance.

La formulation d'appelé est fausse. Dieu-amour-même est amour en soi, Il est de toute éternité et ne peut choisir d'appeler une personne plutôt qu'une autre. Ce sont les humains qui appellent à leur secours le Dieu d'amour pour les aider à aimer l'humanité. On rêve de ce qui est déjà en soi. J'avais pris le parti de n'aller pas au-delà des mystères de l'incarnation et des appelés à Dieu, pour correspondre à la norme des croyants cherchant à se rapprocher de Dieu. Il n'y a pas à se rapprocher de Dieu, il y a à accompagner l'amour qui est déjà en soi. J'avais observé qu'on n'était pas des êtres de lumière, mais des êtres cherchant où était la lumière. Sans rattacher la lumière à aimer toute l'humanité sans rien attendre en retour, on ne comprend pas pourquoi il y a tant de misère sur la Terre. J'ai enfin cerné le problème du mystère de l'incarnation du Christ ressuscité. La résurrection est de retrouver l'amour divin et l'accompagner pour aimer l'humanité. Il n'y a pas de résurrection de la chair. La renaissance en Dieu est la décision d'aimer l'humanité, qui est l'idée divine inscrite en chacun. Les enfants naissent d'un homme et d'une femme. L'enfant divin n'est pas homme, mais amour en soi. La vérification de la naissance de l'enfant divin en soi-même est à la portée de toutes et tous. C'est la gageure de l'humanité. Il n'y a pas de croyance, mais vérification en Dieu en soi-même.

Ma sœur fut ma victime. J'ai renié sa vie pour avoir ma tranquillité. Je l'ai fait enfermer pour qu'elle cesse de déranger celui que j'admirais et qui me rendait fou de passion pour ses œuvres. Camille avait le talent sûr, Rodin devait le chercher. Les deux ensembles faisaient un travail émerveillant, mais Rodin prenait ombrage de la rapidité de Camille à trouver l'angle de vue avant lui. Il n'y avait pas de folie avérée, mais une excitation due à la ferveur qu'elle vouait à Rodin et qui l'enthousiasmait, sans toucher le moins du monde Rodin qui travaillait pour rester célébré dans son art de la sculpture. J'ai parfois regretté d'avoir agi ainsi que je l'ai fait, mais très vite je me rendais compte que j'aurais à organiser les allées et venues de ma sœur et j'ai préféré ma tranquillité. Elle devenait si fougueuse quand elle avait réussi une œuvre que Rodin en prenait encore ombrage, la trouvant trop extériorisée. L'enfermant dans cette prison d'hommes de médecine, je l'ai réduite à se taire et n'être plus qu'une femme ordinaire, elle qui avait tant de talent. Elle finissait une œuvre et en commençait une autre aussitôt. Rodin voulait qu'elle se calme. Je n'ai pas encouragé Rodin à garder Camille, qui avait le talent de l'artiste confirmé avant même d'être apprentie chez lui. J'ai accepté qu'il la renvoie sans explication.

La déception fut à la mesure de l'affront. Camille ne fut plus jamais reconnue consciente de ses actes, parce qu'elle était défigurée par le chagrin. Elle est morte ce jour-là.

La pauvreté n'est pas le manque matériel, elle est de ce que l'on n'aime pas les autres.

Lino Ventura

La première ligne de conduite que je voulais être la mienne, c'était de m'enlever la pauvreté des fesses. J'en avais marre d'être le loqueteux italien. C'étaient moins les autres qui pensaient ça de moi que moi qui me voyais en loqueteux italien. L'idée sous-jacente était d'arriver à porter un costume sans qu'on me prenne pour un mafieux. J'étais devant le dilemme d'ouvrir ma vie à la gageure de réussir à me sortir des misères quotidiennes, et d'avancer droit dans mes pompes pour n'être pas confondu avec les mafieux. On ne se rend pas compte des difficultés qui jaillissent devant soi lorsqu'on veut être simplement honnête avec soi-même. Il n'y a que compromission partout. L'on veut ressembler à ce qu'on n'est pas et l'on se maquille jour et nuit pour y parvenir. L'homme italien avant tout que j'étais se rappelait avoir vu des actes si lourds de conséquences pour ceux qui les avaient accomplis qu'il est resté figé sur son derrière de pauvre, en se promettant de n'avoir jamais rien à voir avec ça. Mais le dire et s'y tenir demande un effort colossal, parce qu'il y a des tentateurs émérites qui vous suivent le train. J'étais content d'entrer au cinéma pour n'en plus sortir que les pieds devant.

L'histoire de ma vie est partout, et je n'ai rien à renier, puisqu'elle ne s'est passée qu'au cinéma. Ailleurs, je n'y étais pas, car j'avais toujours en mémoire l'explosion des vies d'enfants qui ont vu des choses malpropres. Il n'y a pas à raconter cette malpropreté, elle est toujours partout où il y a des gens qui veulent prendre la vie des autres en otage pour leur servir de paravent et continuer à brader les malheureux avec mépris. J'en resterais là, mais depuis lors, je n'ai eu de cesse de m'enlever ces images de la tête. J'ai réussi partiellement, mais pas au point de n'en rêver pas la nuit, surtout lorsqu'il me fallait communiquer avec des mafieux de carton pâte qui me rappelaient les vrais. J'en ai retenu des larmes d'enfant, que j'ai oubliées finalement en m'apercevant que j'avais bien rangé mes vêtements dans la case cinéma.

Me voyant moins larmoyant que je ne l'étais réellement dans la vie intime de mon cœur, j'ai persévéré au cinéma en m'appliquant à n'être pas cloisonné dans des rôles d'acteur italien. J'ai fait dans les cartes à jouer mon rôle de patron de la distribution, pour n'avoir pas à m'apercevoir qu'on ne me laissait pas le choix des acteurs avec qui je voulais m'associer. Les plus grands ne sont pas forcément les plus emmerdants, et j'ai donc opté pour les Blier et consorts, qui me donnaient envie de jouer bien plus que de travailler, et comme c'était le jeu qui primait, j'étais ravi et heureux d'être de cette famille de cinéma. Lorsqu'il m'a fallu travailler vraiment, c'était lors des signatures de contrats énonçant mes desiderata. L'homme Ventura avait donc réussi sa vie d'Italien en France, et sa vie professionnelle de surcroît, ou l'inverse, peu importe car les deux sont étroitement mêlées.

La femme de ma vie n'était pas au rendez-vous, et je suis resté acteur de cinéma, n'épousant plus personne, même pas au cinéma. L'histoire de cette femme qui écrit me laisse à penser qu'il n'y a pas que des misères dans l'amour hors mariage. J'en étais resté à la culpabilité de divorcer pour épouser quelqu'un d'autre. Je n'avais pas encore mûri assez pour voir qu'on ne pouvait pas rester sur des promesses qui n'avaient pas été prises en toute connaissance de cause. Lorsqu'on découvre ce qu'est Dieu, on n'a plus qu'envie de rire de soi. J'étais sérieux devant les autres pour qu'on me foute la paix, mais heureux d'avoir envie de me marier avec d'autres femmes que celle que j'avais épousée, parce qu'elles me rendaient la joie que j'avais perdue dans le mariage. J'étais disposé à rester marié pour ne pas ressembler cette fois aux autres. J'en ai bavé des ronds de chapeau, mais j'ai tenu bon comme un imbécile d'Italien que j'étais, comme me le disait mon ami Brel. La gageure était de rester marié et ne pas se faire prendre ailleurs. J'ai donc voulu m'éviter de vivre la façon qui m'était la plus favorable, aimer celle que je voulais aimer en plein jour, et non en rase campagne la nuit. Mon copain d'amitié Brel a choisi la rase campagne le jour. Nous n'étions pas finauds, tous les deux. Nous étions des imbéciles qui voulaient épargner des complications dans leur vie en oubliant celles qui leur donnaient à vivre l'amour éternellement amoureux l'un de l'autre. J'étais plus amoureux tout de même de mon travail, qui m'apportait des contacts heureux, qu'en mari de celle que j'avais épousée. J'étais de ceux qui ne riaient pas à la perte de leur autonomie, et j'avais misé sur l'indépendance au moins dans le travail. Je n'attendais pas que l'on vienne me chercher à la sortie de l'usine. Les plans d'action pour être libre une fois qu'on s'est engagé à ne l'être plus sont rares, et il ne faut pas dire la moitié de ce que l'on fait pour qu'il n'y ait pas de recoupements. On regarde les choses en face une fois que l'on s'est trompé de quartier de passage, avant on croit être au bon endroit pour ce qu'on a planifié. L'on ne se reconnaît pas dans le mariage, on trouve qu'on a des allures de malheureux assez rapidement, car les oublis de rire viennent très vite après les premiers signes d'ennui.

Je ne parle pas en homme placé pour donner des leçons de morale, mais en homme qui voit clair dans son jeu. J'étais plus surpris de me voir lamentablement sérieux, que riant légèrement avec les copains de travail. Il y a plus d'heures où je suis sérieux que d'heures où je ris, et ça c'est terrible à vérifier. Mon corps était malade d'ennui insultant pour moi qui voulais être le maître chez moi, donc devais savoir où j'en étais de moi-même. Je n'en voulais à personne de ce que je n'avais pas réussi à rire autant que j'en avais envie. J'étais malheureux de nature d'abord, et quelquefois heureux en amitié. L'homme qui m'a fait plus de bien que n'importe quelle femme, c'est Jacques. Il m'a remonté le moral en me montrant à même la vie qu'il ne fallait pas être un désespéré, mais un résistant à l'espoir. J'avais compris très vite qu'il n'avait plus rien à attendre de la vie car il avait trouvé sa même que lui. Il se voyait heureux pour de bon, et j'avoue humblement qu'il ne m'a pas fait de place après elle. Il était d'abord avec elle, puis avec les autres. Il lui demandait sans cesse son avis sur tout, et elle ne répondait pas mieux que lui, mais comme il avait envie de vivre le moment qu'il proposait de vivre avec elle… J'ai assisté à plusieurs passages dans la maladie, et elle regardait devant elle comme si la maladie n'était pas une raison pour se lamenter, puisque tout était déjà décidé. Il allait mourir. Elle allait vivre. Il pleurait de mourir sans elle. Elle essayait de ne pas imaginer une autre vie que celle qu'elle avait eue avec lui. On n'était pas à les observer par en dessous. Ils étaient très ouvertement amoureux l'un de l'autre et n'étalaient pourtant pas leur intimité face aux autres. J'avais reconnu en elle une femme gentille. Je n'avais pas reconnu en elle une femme voulant vivre l'éternité d'aimer l'homme qu'elle aimait. Je me suis trompé. Jacques aussi, disons-le clairement. Il n'aurait jamais pensé qu'il entendrait celle qu'il aimait demander à aimer toute l'humanité. C'était lui, l'idéaliste. Elle ne faisait qu'aimer son homme sans rien attendre en retour.

Éviter de s'attacher à l'autre pour retrouver Dieu m'avait semblé louable, et j'écoute que l'on n'a pas à se priver d'aimer l'autre pour Dieu, car c'est par aimer en Dieu qu'on vit l'amour éternellement. Il n'y a donc pas à dire oui *devant* Dieu, mais oui *en* Dieu. L'amour qui n'attend rien en retour est divin.

Aimer était donc bien en elle, et elle nous a subjugués tous les trois, Jacques, Georges et moi. Nous la connaissions depuis bien longtemps, et je l'ai revue après le décès de Jacques, sûre qu'elle communiquait avec lui, mais n'ayant qu'une vague idée d'où il se trouvait. Maintenant, elle sait. Il est comme nous tous en Dieu en elle-même. Qu'en dire ? Personne ne peut l'épouvanter par des contrefaçons d'aimer Dieu plutôt que toute l'humanité. Dans le fond, nous n'avions pas de respect pour les femmes qui voulaient maîtriser les hommes en leur mettant des interdits de regarder ailleurs que vers elles. Quand l'amour est au rendez-vous, personne n'a le droit de l'arrêter. L'amour qui aime sans retour n'est pas de l'ordre du qu'en-dira-t-on. Il aime. J'étais sans me douter que je passerais mon éternité avec l'homme que j'aimais de tout mon cœur d'homme et celle qui était la femme de sa vie et qui ne savait pas qu'elle serait la femme de son éternité d'aimer en l'amour en soi. La personne la mieux éclairée sur terre n'a jamais pensé à demander d'aimer toute l'humanité afin de vivre la vraie paix. Et non celle que l'on signe en touchant le stylo que l'on laissera tomber dans le sang des futurs appelés à recommencer la guerre pour s'évertuer à chercher la paix, et ainsi de suite. La réponse finale était dans cette demande. Elle ne croyait pas toucher là le mystère de Dieu. Et rien n'était en place dans sa vie, croyait-elle, pour trouver la réponse finale. Même si elle réfléchissait à la question de Dieu, elle n'espérait pas trouver le fin mot de l'histoire. Il a fallu qu'elle ose aimer l'humanité pour qu'elle entende en elle la voix.

J'étais dans l'inaction après le décès. Je regardais tous ces films qui n'avaient pas été le principal de mon existence, puisqu'il n'était pas question de vedettariat dans le décès, mais de comment se faisait-il que nous étions encore vivants ? Lorsqu'elle a obtenu le fin mot de l'histoire, elle a été enseignée par l'Amour-même de l'idée divine à laquelle elle avait répondu, et ce fut alors l'ouverture de l'humanité en elle. *Tout est en tout. Les uns sont en les autres, les autres sont en les uns. Dieu les rassemble tous en Lui-même, en tous.* La première fois que j'ai entendu l'enseignement et qu'il m'a donc fallu répondre à l'idée divine le oui qu'avait prononcé la femme qui écrit, j'ai chanté comme jamais je n'avais su chanter la réalité d'aimer l'humanité. Nous ne sommes pas fous d'elle, nous l'accompagnons en l'amour divin en tous. Avec discrétion elle a cherché à divulguer cette idée d'aimer l'humanité, et elle s'est vite aperçu que les humains n'ont que faire d'aimer les humains qui ne leur disent pas « je t'aime ». Ils n'ont pas envie de se mélanger avec qui leur semble infréquentable. Mais la fréquentation en Dieu est faite seulement d'amour et non d'actes d'ombre, contre les autres. Il n'y a pas d'ombre en Dieu, et Dieu ne se bat pas contre les ombres qu'il n'y a pas en Lui. Ce sont les hommes qui affrontent Dieu en niant sa présence d'amour en eux, en répondant présents pour s'entretuer. Dieu, qui est l'idée d'aimer toute l'humanité, n'a rien d'autre en Lui-même qu'aimer toute l'humanité qu'Il rassemble en cet Amour-même.

L'heure d'aimer toute l'humanité est à l'heure de chacun, et voilà pourquoi l'homme Josuah a demandé aux hommes de s'aimer les uns les autres comme Dieu les aime tous en Lui-même. Le fil conducteur d'une existence est l'amour divin en soi. Voilà la nécessité d'aimer, mais pas d'aimer Dieu, puisqu'il est amour-même, ce qui aide à aimer en chacun des hommes et des femmes de la Terre. Quitter le paradis, c'est ne pas aimer les hommes. Et c'est bien ce qui se passe sur terre.

Quand j'aurai dit que Jacques fut alors le premier à saisir sa compagne de vie pour dire avec elle oui à l'Amour-même, j'aurai finalement raconté l'histoire des amants éternellement unis par l'amour divin en eux-mêmes. Ce qui fait d'eux, non pas des êtres exceptionnels, mais des humains qui sont alliés à l'Amour-même, pour aimer toute l'humanité. Avec questionnements nombreux, nous avons demandé à vivre avec eux cette chance d'aimer sans rien attendre en retour, et nous sommes tous ici pour témoigner du mariage de l'homme-la femme ordinaire et de l'homme-la femme divinisé, qui accouche de l'enfant divin. L'amour retrouvé en soi-même est donc ce qui naît d'aimer l'humanité.

L'histoire ne cesse d'être reprise par nombre des décédés qui alors viennent renseigner à leur tour sur l'idée divine. C'est ce qui est l'ouverture d'aimer en Dieu. Nous pouvons, tous les alliés à l'idée divine, communiquer avec elle et ainsi témoigner du vivant éternellement en chacun. Le vivant étant l'amour divin en chacun.

L'inaction me gagnait avant d'écouter cette femme. J'étais persuadé de mourir de mon infarctus, et j'ai constaté que non seulement j'écoutais les autres faire le maximum pour me sortir de là, mais j'entendais aussi qu'ils n'y croyaient pas. J'ai bondi de rage, mais personne n'a bougé. J'étais constaté mort. J'étais pourtant encore vivant. Je n'ai su la réalité de ma position qu'en demandant : Qu'est-ce que c'est que cette histoire ? On aurait cru un film de science-fiction, et là je sentais bien qu'il n'y avait pas de caméra pour me voir jouer les morts vivants. J'ai écouté la voix des autres et j'ai reconnu Georges et Jacques, et au plus fort de mon étonnement, j'ai ri.

J'ai ri de ce rire qu'on me connaissait quand j'étais fier de m'être mis là où je devais être, et que cela rendait d'autres heureux de me voir si bien dans ma peau ce jour-là. J'ai ri d'une sorte de plénitude qu'on aurait du mal à décrire parce qu'il n'y a jamais dans une langue, c'est prouvé, cette manière fluide et sensitive d'aller au fond du bonheur qu'on a en soi et qui s'amuse avec l'amour qu'on a en soi et qui dicte des sourires et des rires et voilà. Je n'avais pas dormi sur mes lauriers tout au long de ma carrière, bien au contraire. J'étais constamment à remettre le couvert dans des restaurants différents et jamais je n'aurais fait le même film sans m'assurer qu'on avait quelque part autre chose à dire au public.

Parfois c'était une question de metteur en scène, parfois une place différente d'un élément moteur, parfois une femme qui avait un autre regard sur l'homme qui l'accompagnait. Je ne voulais pas me mettre dans des films où rien n'avait été changé et qu'on m'apportait comme une nouveauté. Mon partage d'une histoire ne devait pas se baser sur l'homme qui jouait à être flic ou voyou, ou résistant, mais sur l'acteur qui avait les capacités d'endosser des rôles différents. On a trop souvent cette habitude en France de ne pas jouer l'homme ou la femme en situation de partir ou arriver, ou mourir ou pleurer, mais l'acteur qui se met à faire semblant d'être une personne qui pleure sur le bord d'une route déserte. J'avais horreur de l'insatisfaction que me procurait mon image sur l'écran.

Il me fallait être dans la situation du plus profond de moi, sinon je n'aurais même pas pu aller à une première assis à côté des gens qui m'avaient invité à participer à ce film que j'avais accepté de faire. On n'a pas le droit d'être acteur de complément quand on a le rôle principal. Or, jouer dans les mêmes registres tout le temps, c'est être acteur d'images de complément à l'histoire que veut raconter une personne qui a décrété être producteur ou metteur en scène et c'est tout. J'étais difficilement joignable quand on me parlait de rejouer *Les Tontons flingueurs*. Et pourquoi pas *l'Armée des ombres* ? Voilà comment j'étais persuadé d'être acteur de composition et non de complément. Une fois, par-ci, par-là, on me donnait à lire des scenarii qui tenaient la route de la réalisation, mais on trouvait cela trop ambitieux pour quelqu'un qui n'avait pas montré tout son talent de complément. J'étais outré et malheureux, mais jamais abattu au point de tout laisser tomber. J'avais de la ressource, parce qu'en me voyant comme un acteur j'avais de l'ambition, et j'étais sûr de mon talent de composition, parce que j'avais des amis comme Jacques et Georges qui n'avaient pas d'envie de m'assourdir de compliments, mais qui m'invitaient à rester droit dans mes résolutions. Aucun d'eux n'allait se compromettre avec un gars de Naples qui serait compromis dans une sombre histoire d'acteur de complément récitant son texte devant trois caméras éteintes et une en plan fixe qui lui interdirait de dépasser du cadre établi. On avait de qui tenir, et on n'avait pas l'intention de sombrer dans la valeur dite commerciale sans regarder de quel commerce il s'agissait.

L'une de mes théories était de me contenter d'être pris pour une valeur commerciale d'une catégorie de films qui resteraient dans l'esprit des gens pour les amuser ou les rendre plus grands de ce qu'on leur donnait des films qui les respectaient. Il y a tant de producteurs de films qui ne veulent que gagner de l'argent sans se préoccuper de comment ils le gagnent, mais de par quoi ils vont pouvoir atteindre leur cible, sans mettre l'accent sur la valeur de la cible. On en a vu, de ces films qui démontraient au public qu'il ne méritait pas mieux. Or un public prend dans les dents ce qu'on dit être les autres et pas eux, tout en ne parlant que d'eux. On travaille l'exposition des faits en se tournant vers des gens anonymes, tout en prenant les gens que l'on a croisés comme modèles. Et on dit au public, ce sont eux, pas vous. J'en avais assez de ce genre d'actes niant le fait qu'on se moquait volontairement des gens qu'on n'aimait pas. J'étais taillé pour faire des exercices physiques et on m'a utilisé au début pour ça. Mais lorsqu'en grandissant dans le cinéma, je me suis rendu compte de cette façon de m'utiliser, j'ai dit : Stop ! Regardez si vous n'avez pas autre chose que je pourrais jouer avec autant de présence qu'un coup de poing sur la gueule du type, et j'aurai plaisir à travailler avec vous. C'est à ce moment-là qu'on s'est séparés avec Audiard. Il n'avait pas compris que j'étais taillé comme une brute, mais qu'en réalité, j'avais des envies de caresser ma tête, à défaut d'avoir une femme qu'on me présenterait comme celle que j'attendais depuis toujours. Il n'a pas saisi cela dès le moment où j'ai fait machine arrière en ce qui concernait les rôles de gros bras. Mais lorsque nous nous sommes retrouvés là, il a saisi d'emblée ce qu'en moi j'avais de désir d'être autre chose que ce qu'on semblait me faire voir de moi et qui ne pouvait pas être tout ce que j'étais. Quand j'ai eu vent de la valeur des mots qu'on prononçait et qui demeuraient dans la tête des gens des siècles et des siècles, j'ai eu envie d'en dire qui seraient des perles plutôt que des pierres.

La grande théorie sur le courage des hommes est basée sur le fait qu'ils ont la volonté de se sortir des difficultés qui se présentent sur leur chemin. Mais en réalité le courage est d'être prêt à se défaire des ombres de n'aimer pas les autres. On choisit ceux que l'on veut aimer, ceux avec qui on peut dire faire partie de la même humanité, alors qu'il n'y a pas d'autre choix qu'aller à l'amour des autres tels qu'ils sont et non tels qu'ils se placent devant soi. Mais les aimer n'est possible qu'en Dieu-amour-même qui aime et ne juge pas.

Jean Gabin

Les gens de mon pays sont des gens de bonne composition quand on ne les emmerde pas. J'étais né pour rester tranquillement dans une sorte de vas-y Gaston, on est avec toi, mais je me suis lancé dans le cinéma. On ne se refait pas, dit-on, alors qu'on doit bien pouvoir se refaire tout de même parce qu'on revient sans cesse se tracasser dans des merdouilles de gens qui vous emmerdent et de ceux qui paraissent gentils d'abord et pas tant que ça après.

Je n'étais donc pas fait pour m'emmerder dans des histoires de valeur absurde d'une conscience d'internés sans rémission, et voilà que je me retrouve plus vivant qu'une farce d'un vaudeville, sans même qu'on n'ait eu la bonté de m'en faire part avant, sinon j'aurais fait tout autrement ma vie. Il faut bien dire qu'on ne s'amuse pas grandement dans les coulisses des plateaux de cinéma et on n'a pas non plus l'occasion de réfléchir tous les jours à ce qu'on fera de bon après le décès. J'avais mes amis de toujours qui me faisaient croire à une sorte de magie noire qui consisterait à entendre parler les morts. Mais dans les coulisses du cinéma on entend parler de tellement de choses qu'on finit par se méfier des idées farfelues qui traversent le ciboulot des metteurs en scène ou du premier assistant qui vient causer entre deux scènes du II de l'histoire qu'on est en train de tourner. J'avais horreur qu'on vienne me déranger avec ce genre d'histoire de revenant qui serait en colère contre je ne sais qui, qu'il voudrait voir crever comme lui. J'étais bien certain de ce que je vivais et je n'avais pas envie qu'on vienne me donner des leçons de vie sur ce qu'il fallait penser des choses bizarres qu'on entendait souvent entre deux scènes et qui mettaient les pendules à l'heure de celui qui évoquait ces choses-là. Vendre la mort comme un produit de grande consommation et voir qu'en arrivant de l'autre côté on ne reste pas mort et qu'enfin on peut se marrer de ceux qui n'y croient pas, c'est tout à fait ce qu'on me vendait parfois entre deux scènes de l'acte II de l'histoire qu'on était en train de tourner. Mais jamais je n'y ai cru parce qu'en me levant tous les matins, je ne me sentais pas meilleur de savoir ça, parce qu'en fin de compte on n'en avait pas une preuve scientifique. Et nous, les grands de ce monde de penseurs, on aime bien avoir des preuves scientifiques pour ne pas se marrer bêtement devant ceux qui ont l'expérience mais ne sont que des gens qui s'intéressent suffisamment au sujet pour en avoir des preuves pour eux. On sait que les preuves ne sont validées qu'en expérience personnelle, et c'est bien cela que je suis en mesure de vérifier maintenant que je suis mort et pas sans vie.

J'étais éberlué d'être en train de vivre tandis que j'étais mort. J'avais de ces crises de rire en même temps, je m'inquiétais de ce que j'allais bien pouvoir faire vivant dans la mort. Je me suis interrogé et j'ai entendu des voix qui venaient de je ne savais où, mais dont les timbres me rappelaient des gens que j'avais connus. Les personnes qui me regardaient étaient des gens de ma famille, mais les voix étaient d'ailleurs et pas de ma famille. C'était étrange parce qu'en les regardant et les entendant, j'étais en mesure d'entendre qui me regardait dans les yeux alors qu'on ne me faisait pas face. Comme une sorte de vision d'une personne face à soi qui ne le serait pas en réalité mais qu'on pourrait tout de même voir. Allez vous retrouver dans cet imbroglio de perceptions qui ne demandent qu'à s'étendre à l'infini ! J'étais tout vide de pensée en me voyant vivant et personne qui serait capable de m'enlever les impressions d'internement pour folie dans la tête. J'étais fou pour me croire mort alors que j'étais vivant. J'ai regardé au fond des gens qui se disaient près de moi depuis toujours et je me suis rendu compte qu'une de ces personnes avait été ma mère, et qu'en deçà d'elle il y avait une autre personne qui faisait entendre une chanson qu'elle me chantait dans les moments où j'étais angoissé, lorsque j'étais enfant. C'était une dame qui était une voisine et qui s'était occupée de moi quand ma mère n'était pas prête à me faire des compliments sur mon attitude avec elle. Elle me disait qu'enfant j'avais eu besoin d'elle, et elle avait été comblée de pouvoir m'aider. Cela m'a fait penser à une femme que j'avais aimée qui n'était pas morte de chagrin quand j'avais pris une autre femme comme épouse, mais s'était soustraite à ma vue à jamais. J'étais en train de me souvenir d'elle, et elle est apparue comme par enchantement, et ça, même au cinéma on ne savait pas le faire aussi bien. J'étais resté à la façon dont on se souvient des gens dans une sorte d'impasse de tout se ressouvenir, mais là, tout était clair et l'on voyait aussi tout les détails d'une rencontre faite des dizaines d'années terrestres auparavant. Mon cœur s'est mis à battre la chamade et j'en aurais pleuré si j'avais senti qu'on n'avait pas à pleurer pour être aussi content que cela, mais dire à l'autre combien on a été content de l'avoir comme soutien. Lorsqu'une personne décède on n'est pas averti de la voir des années plus tard dans la mort quand on décède aussi. Il m'a fallu passer la porte comme on dit, moi aussi, pour qu'il y ait éclaircissement partiel d'une vie après le décès.

Tout n'est pas si simple pour autant car lorsqu'on est décédé, on doit se reconnaître comme tel, mais aussi se demander quel est le but de toute cette histoire de vivant à perpète. J'avais regardé des films de fiction comme tout le monde et j'étais donc averti des fantaisies de réalisateurs, mais là encore les fantaisies ne précisaient rien de sûr pour que l'on puisse se diriger vers une avenue quelconque. J'avais entendu parler des possibilités de communiquer avec les morts, mais pas avec les décédés qui pouvaient être en communication entre eux et aller partout. J'étais donc surpris d'être dans des endroits que je ne connaissais pas de mon vivant terrestre, disons cela ainsi, et en même temps que des gens morts que je voyais me parler semblent n'être pas surpris de me voir là parmi eux.

On n'a pas idée de ce qu'est une pensée parce qu'on éviterait d'en balancer à tout bout de champ et de faire ceux qui n'ont rien dit. J'entendais des gens dire des choses alors qu'ils n'étaient pas devant moi physiquement. Pourtant ils étaient là dans une sorte d'onde gentiment rassemblée en une forme qu'ils étaient dans l'existence, et qui n'était pas de cette matière du corps que l'on connaissait de son vivant terrestre. Les scientifiques n'ont rien vu de cette matière, ou ils ne s'en sont pas préoccupés quand quelqu'un leur en a parlé, parce qu'ils refusaient tout bonnement d'être dupes d'hurluberlus qui voyaient des morts vivants dans des endroits impossibles pour eux, et donc inexistants dans leur science qui ne vérifiait pas toujours tout.

Il n'y a pas de vérification possible en dehors de soi-même, et c'est cela qui change tout. Les endroits où sont les décédés d'une vie ordinairement menée dans les souffrances et les joies, les larmes et les rires, sont là-même où ils ont vécu ces choses-là. Mais en Dieu-amour-même, on se prend à vérifier qu'en réalité on n'est ailleurs qu'en tous et c'est pour cela qu'on entend aussi parfaitement les gens quand ils parlent de vous et les gens quand ils pensent à vous. J'avais demandé à être renseigné parce qu'en me souvenant de ce que j'avais entendu parfois ici ou là, j'étais dans l'intention d'aller vérifier ces dires, parce que justement j'y étais dans cette mort énigmatique pour tant de monde sur terre. Lorsqu'en entendant des gens que je connaissais sur terre m'envoyer des messages de bienvenue comme avant, je me suis mis à vraiment me demander où j'étais arrivé.

On ne se rend pas compte que pour se trouver là où on est en mourant, il faut qu'il y ait une raison valable de comprendre ce qu'on a de chance ou de malchance d'y être. Car lorsqu'on meurt les gens pensent qu'on n'a pas eu de chance, puisqu'on n'a aucune chance de revenir vivant de la mort. Mais alors, qu'est-ce que cet endroit de mort où l'on vit comme dans une sorte de phalanstère, qui serait déjà construit avant le Déluge et qui accueillerait tous les décédés d'une existence quelconque ?

J'étais devenu inquiet du fait que personne ne semblait connaître le fin mot de l'histoire qu'ils étaient en train de vivre. J'avais entendu parler des revenants et je me demandais si ce n'était pas finalement ce que nous étions dans cet endroit qui semblait sans limite et qui pourtant se limitait à nous. Les journées n'existaient pas sans référence à la Terre, et les nuits non plus de ce fait-là. L'histoire continuait et ne m'accordait pas de répit malgré tout dans ses formulations d'introspection de cet homme que j'avais été, et que j'étais encore en train de visualiser faisant des choses de cinéma et des choses d'intellectualisation d'une compréhension des hommes, et tout un tas de trucs intéressés par la même chose : Pourquoi suis-je mort et pourtant vivant ?

C'est à cet instant-là que j'ai entendu clairement une personne que je reconnaissais et que je ne connaissais pas particulièrement. Elle était en train de faire une chose qu'on ne pouvait pas dire commune, elle s'aventurait dans une démarche imprévisible pour moi : celle de considérer qu'on ne faisait que se livrer à des choses intéressées par le non-amour des autres, alors qu'on était de la même génération d'humains. Alors, qu'est-ce que cela voulait dire, être de la même génération d'humains, me suis-je entendu demander dans mes réflexions. Et ce fut alors le moment de mon éveil à la discussion qui était en cours, et me voilà.

Dire cela ainsi semble un gag de cinéma, pourtant c'est en entendant d'autres s'étendre sur des considérations d'ordre divin qu'il m'a paru essentiel d'aller me renseigner sur ce qu'on entendait par là. J'avais des envies de bonheur pour les autres avec une sorte de rigidité des conventions, et cela faisait peur à ceux pour qui je m'inquiétais doucement. L'homme que j'étais était fermement décidé à prendre les rênes de sa vie, et il obligeait les autres à en faire autant, sinon il les considérait comme des fainéants ou des paresseux, ou des laxistes ou même des ignorants. Autrement dit, j'étais de ces gens de courage personnel qui voulaient en imposer aux autres et qu'ils prennent force auprès d'eux, alors que leur exigence faisait davantage peur qu'encouragement à parvenir à la réussite de l'exigeant. J'avais fait le vœu de n'avoir plus de difficulté à vivre mon quotidien, parce que enfant je n'étais pas dans les endroits les plus huppés de la ville pour grandir. J'étais de ces gens qui s'étaient construits tout seuls et qui n'en voulaient à personne, mais qui ne demandaient pas non plus qu'on vienne se mêler de leur combat pour vivre décemment. Ma manière de faire me regardait et regardait alors ceux qui vivaient sous mon toit, ou qui dépendaient de moi d'une façon ou d'une autre. Les reptiles rampent et les hommes marchent ou se couchent, mais ils ne rampent pas. C'était cela, ma devise intérieure, et j'ai fait en sorte de marcher ou de me coucher, mais de ne ramper devant personne.

Il m'a fallu dire cela à des gens assez brutalement parfois, mais dans le fond, en me regardant bien droit dans les yeux de mon miroir, je ne me sentais pas en tort. Sauf qu'on ne m'avait rien demandé et que le dire fortement n'était pas une attitude de courage, mais de peur qu'on vienne m'interdire d'être comme je le désirais. Peur d'être toujours regardé comme un ancien de la veille, et qu'on allait bientôt me jeter aux ombres des coulisses de cinéma d'où on ne peut même pas voir les autres joyeux être à la place de l'ancien, et lui montrer qu'il ne manque pas au tableau de famille du cinéma. J'étais orgueilleux et sempiternellement inquiet d'une seule chose : l'avenir de mes enfants qui, après moi, allaient devoir se tenir dans le rang des enfants de Gabin, et qui devraient se montrer plus fermement actifs que moi-même pour les regards qui se porteraient sur eux. C'était idiot de penser que mes enfants avaient besoin de justifier de l'autorité de Gabin.

Je me suis rendu compte en mourant qu'on n'avait pas fait de moi une autorité, mais un père autoritaire. Ce n'était pas le premier, ce ne serait pas le dernier. J'ai fait des ronds de jambe pour qu'on m'entende m'excuser d'avoir si peu souri parfois, mais personne ne m'entendait et j'ai laissé tomber, jusqu'à cette chose incroyable d'être attiré par l'idée divine dont parlaient d'autres que j'entendais plus certainement en moi qu'ailleurs. C'était la différence notoire entre parler à quelqu'un qui disait les mêmes choses de la Terre, ces voix qui disaient tout autre chose que ceux de la Terre. Une fois que cela fut fait, j'avoue que je ne m'attendais pas à n'être plus séparé des autres, mais en tous les autres qui étaient en train d'ignorer qu'ils avaient tout le monde entier en eux-mêmes. J'étais contenté d'une seule traite dans cet état de décédé quand, en possession d'un corps physique, il fallait tant de choses pour parvenir à une toute petite satisfaction qu'il fallait s'occuper de renouveler régulièrement pour savoir rester joliment en vie.

J'étais persuadé d'avoir raison de vivre comme je vivais, en posant mon autorité de-ci de-là, et non pas ma tendresse qui pourtant débordait de mon cœur. Quand on se lit en l'amour-même-Dieu, on voit tous les détails de sa volonté d'être rigoureux et pourquoi on veut être autant rigoureux. Je l'étais d'avoir manqué d'amour, enfant ? Non, j'étais persuadé que cela faisait une empreinte du maître de maison et une sorte d'indisposition à la faiblesse humaine. Il m'avait fallu tant me tenir pour réussir à m'imposer une discipline pour n'être pas un petit rigolo, vu la gueule que je me trimballais, que j'en ai fait une sorte d'imposition des mains sur ceux qui venaient de moi. J'étais dans l'idée de me recentrer dans la rigueur, alors que je m'empêchais de voir les autres sans œillère.

Finalement, je me serai privé d'être gentiment ouvert à ce que les autres étaient et aurai passer mon chemin.

Les traces d'un désir d'aimer les autres se trouvent dans ce besoin d'amitié. Mais en amitié, on pose les conditions en partant du principe qu'on se doit d'avoir des moyens d'évaluer l'amitié qu'on dit donner et celle qu'on voudrait recevoir. Aimer est mis dans les valeurs humaines et reste une satisfaction pour soi et non une liberté d'aimer sans rien attendre en retour.

Jacques Deray

Le cinéma est vraiment l'endroit où j'avais ma famille. Une famille d'amoureux du cinéma autant qu'on peut aimer vivre l'amour pour une autre personne. C'était tout ma vie, le cinéma. J'ai revu ma liberté d'aimer et je l'ai trouvée en laissant aller ma liberté d'aimer le cinéma. Ce qui fait que j'ai été bloqué entre aimer les humains et aimer les humains dans l'histoire de mes scenarii. Sachant bien sûr qu'avec les humains au cinéma j'avais les mains libres.

J'ai regardé l'intérieur des rôles comme une possibilité d'apprendre un peu des hommes et des femmes. J'ai réussi à m'approprier les déboires des autres et à m'imaginer qu'ils étaient les miens et que je n'en voulais pas. Ce qui m'a permis de rester quasiment neutre devant l'adversité ? Non. J'ai tout de même eu des passages d'introspection qui m'enlevaient le sourire de mes lèvres et surtout au cœur. Je sais qu'il n'y a pas d'amour sans délices d'être amoureux de l'autre, mais malgré tout, je me suis laissé prendre par les mouches des angoisses de ne plus être appelé à tourner le film qui m'intéressait. L'histoire des femmes et des hommes ressemble à l'histoire de l'impossibilité de croire en l'amour des autres, pour être débarrassé des ombres. J'entends les écrivains, poètes et scénaristes dire : *Mais si on nous enlève les ombres, qu'aurons-nous à raconter ?* J'accompagne cette réponse en disant : sait-on l'immensité d'aimer les autres sans attendre en retour ?

Lorsque nous nous sommes rencontrés, c'était pour le rôle dans le film que Delon avait demandé pour Romy Schneider, *La Piscine,* et tout de suite j'ai réalisé qu'on n'aurait pas le temps de te voir plus que Delon ne l'aurait souhaité. Tu étais comme une femme passante, et tu es passée sans jamais regretter de l'avoir fait. J'étais amoureux de toi comme on est amoureux d'une femme imprenable parce que son meilleur ami est à son bras. J'étais bien décidé à m'enlever du champ, parce qu'en face de moi, j'avais l'homme de la situation, qui n'avait pas peur de faire créer le petit rôle pour t'avoir à l'écran avec lui. C'est donc comme cela qu'on ne t'a pas demandé si tu étais contente du rôle, parce que c'est Delon qui demandait que cela soit comme ceci, comme cela. Grand bien nous a fait à tous, car dans le fond, nous étions toute l'équipe bien sûrs que tu n'avais pas l'esprit de vedette, mais celui d'une passante. Voilà qu'en réalité tu as des valeurs qu'on n'avait pas soupçonnées, et qui font que nous sommes là à converser avec toi sur la réalité d'aimer l'humanité, et donc sur l'existence de Dieu, et donc sur la vie éternelle, et encore sur le fait qu'on peut entendre la parole de Dieu-amour en soi-même. Aurions-nous pu nous dire cela face à face, lorsqu'en te recevant dans les derniers temps de mon existence, je t'ai entendue dire combien tu avais d'avenir dans les dialogues avec Jacques Brel. Nous sommes restés tous deux de grands amis insondables, et donc sans mener plus qu'une conversation ordinaire, et voilà que déjà j'étais sur le point de mourir.

Nous voilà, dis-je, en train de comprendre qu'on n'a pas besoin d'être les uns sur les autres pour s'aimer, et que l'amour que tu dispensais naturellement nous laissait dubitatifs, parce qu'en faisant cela, tu n'avais aucune demande pour rester amie avec nous.

Notre dessein à tous, c'était le cinéma. Le tien était de retrouver le pourquoi d'une vie sur terre. Notre avenir était l'incertitude. Ton avenir était la certitude d'avoir à trouver Dieu, et donc le pourquoi de ton existence. Non seulement tu enrichissais ta vie des rencontres que tu faisais, mais tu n'attendais pas que ces rencontres répondent à ton amitié. L'instant où j'ai compris qu'après bien des années où nous nous étions perdus de vue, tu revenais chez moi comme si tu n'avais jamais quitté les lieux, j'ai enfin su qu'on n'était pas des robots de cinéma, mais des personnes qui avaient des directions personnelles, et qui se croisaient de temps à autre, sans pour autant se désolidariser de ce qu'elles avaient dans le cœur. On croit souvent que les meilleurs amis sont ceux avec qui l'on passe le plus clair de son temps. Il se fait que ceux qui sont nos meilleurs amis, nous ne nous en soucions pas, et ce sont ceux qui aident à se ressouvenir du but de la vie.

L'histoire était bien ficelée, mais personne n'a lu le scénario. On a regardé qui avait les premiers rôles, et l'on s'est acquitté du nôtre, sans voir que le petit rôle que tu étais regardait comment nous n'avions aucune idée de ce que nous faisions de notre vie. Nous n'avons pas de moyen de juger les gens, et pourtant c'est ce que nous faisons en observant parfois seulement leur allure. Il ne faut jurer de rien, cela s'appliquerait bien à notre conception des choses importantes de la vie. Nos témoignages n'engagent que ceux qui veulent être témoins et nous le sommes tous en l'amour-même-Dieu.

Les preuves de ce que nous vivons sont en tous, et pour les vérifier il va falloir faire ce chemin d'aimer les autres en l'amour-même-Dieu en soi-même. Personne n'est sans ces preuves en soi-même, et c'est là l'égalité des tous les hommes de cette terre. On vit des existences multiples en toutes sortes de conditions, et rien n'a plus de valeur en nous-mêmes que cet amour inconditionnel pour toute l'humanité, mais notre caméra se focalise sur les petites misères dont nous ne parvenons pas à faire autre chose que des histoires à raconter.

Enfin j'étais parvenu à l'endroit où l'amour inconditionnel diffusait l'amour inconditionnel, sans m'étourdir d'abstinence d'aimer l'autre. J'étais parvenu à rire de moi et de mes sentiments humains déposant des frustrations tout au long de mon chemin sans m'apporter une seule vision de l'amour inconditionnel. J'étais enfin libéré des retours à la case départ d'une nouvelle existence, car enfin j'aimais de cet amour qui n'attend pas en retour.

Lorsque j'ai rencontré Romy Schneider, c'était sur le tournage du film *La Piscine*. J'étais restée dans sa loge pour attendre d'être appelée à tourner. Je l'ai vue si triste que cela m'a marquée au point que cette image d'elle ne m'a jamais quittée.

Romy Schneider

L'actrice était fière d'être une comédienne que l'on recherchait. Mais la femme était malheureuse d'avoir perdu son temps à aimer là où elle n'était pas aimée. J'étais honteuse d'avoir fait tout ce chemin pour n'avoir que des larmes de femme battue par l'homme qui lui avait fait croire à sa fierté de l'avoir comme partenaire de comédie. J'avais tout misé sur cette rencontre qui n'avait rien d'extraordinaire, mais qui m'enchantait, et j'étais bien évidemment ravie d'être au bras de celui qui était fier de m'avoir comme partenaire. C'était une sorte d'envoûtement que cette chose qui me liait à lui. En dernière analyse, dans ce qu'il m'a été donné de comprendre dans cette lecture de vie, j'étais amoureuse d'être fière moi aussi d'être auprès de quelqu'un qui était fier de moi. Mais en dernière analyse, ce n'était qu'une façade pour m'avoir près de lui pendant le temps où cela l'intéressait. J'étais comme une femme battue parce qu'en me réveillant le jour où tout était fini, j'avais des douleurs dans tout le corps. J'étais comme vannée et en même temps disposée à revenir dans ses bras alors qu'il m'avait appelée. Mais il n'a jamais fait cette grande folie qui m'aurait sans doute anéantie davantage, parce qu'il ne serait jamais resté éternellement à faire semblant d'être fier d'une actrice allemande qui n'avait rien joué de transcendant, et donc pourquoi se vanter d'être à son bras ?

Mais comme j'étais amoureuse, je n'analysais pas cela ainsi. Lorsque j'ai plongé dans la mélancolie, j'ai su d'emblée qu'il reviendrait m'interdire de faire croire qu'il n'était pas à mon chevet quand cela allait mal. Il m'a rendu visite en me promettant de n'avoir plus peur d'être seule parce qu'il serait toujours là pour moi, et c'est en m'invitant à jouer dans le film de Deray qu'il a fait croire qu'il était là dans les moments de chagrin de ma vie. Tout le monde a dit qu'il m'avait remise sur pieds. Mais que dire d'autre quand on n'a pas tous les éléments de l'histoire qu'on vous raconte de vous-même, croyant en savoir même plus que vous. J'étais anxieuse parce qu'on ne me touchait plus depuis longtemps, et je me sentais vieillir sans un homme près de moi, et cela m'enfonçait dans une sorte de détresse insondable.

J'ai relu ma vie et j'ai su alors qu'en me prosternant devant l'homme fier de m'avoir pour partenaire de comédie, j'étais revenue à l'idée d'avoir un maître dans mon existence. Un Pygmalion. Ma mère représentait cela pour moi dans le début de ma carrière, et j'ai cru qu'en la laissant pour l'homme fier, je montais une marche de mon travail de comédie. J'étais éblouie par l'homme et par l'acteur qui savait me tenir dans l'instant amoureuse de lui hors scène de comédie. L'histoire aurait pu être joliment filmée et nous serions restées des amis de travail, mais j'ai eu l'indélicatesse de tomber amoureuse, et j'ai tout perdu dans l'instant où je me suis fiée à l'homme et non plus à l'acteur. Il m'avait fallu m'entendre en l'amour-même-Dieu pour saisir que je cherchais à me mettre sous la coupe d'un homme, et non pas sous la coupe de la force qu'il y avait en moi.

Être malade d'amour pour quelqu'un veut bien dire n'être pas raisonnable. Une personne sensée n'a pas d'affinité avec la maladie d'amour. Une personne insensée, comme je l'ai été, a des affinités avec la maladie d'amour. J'avais tort d'être malade évidemment, mais le sait-on, qu'être malade d'amour c'est attendre le retour d'une chose qu'on dit donner pour la vie ? J'étais persuadée qu'il y avait des amours qui duraient toujours et des amours qui n'en valaient pas la peine.

J'étais dans l'attente d'une façon de vivre mieux qu'avant. L'espoir de trouver une personne que j'aimerais profondément s'était éteint après l'échec de mon premier l'amour. Cet homme que j'avais aimé, cet homme-là n'avait plus rien à donner avec son cœur, mais tout avec son talent d'inspirateur d'amour fou qu'il n'avait aucune intention d'honorer. L'homme de ma vie n'a pas su me trouver, et j'ai pourtant crié, dans toutes mes participations aux films d'une époque de grand cinéma français, ce qu'en tant que femme je ressentais d'amertume.

Mais dans l'intrigue d'une vie, on ne relève pas toutes les erreurs et on n'entre pas forcément dans l'idée d'avoir quelque chose à faire de l'existence qu'on est en train de vivre. Se questionner sur le but de la vie n'est pas à la mode, même chez les psychiatres qui se disent être là pour aider les gens à se retrouver. Mais qu'est-ce que se retrouver ? Est-ce se faire croire qu'on n'a pas de chagrin plus fou que d'être amoureuse de qui ne l'est pas de vous ? Est-ce parce qu'on vient d'un pays voisin et qu'une langue fait barrière, et en l'apprenant on se persuade qu'on sera mieux entendue de celui qu'on aime et qui alors pourrait vous aimer ? Ou est-ce seulement de n'avoir plus rien à pleurer et se faire à l'idée qu'il n'y a pas d'amour de cette sorte qui puisse être heureux, parce qu'aimer n'est pas dans l'attirance pour une personne en attendant qu'elle vous demande de rester toute la vie auprès d'elle. On n'attend pas dans l'amour, on reste à aimer et c'est tout. Mais qui le sait qu'on n'attend pas en retour lorsqu'on dit aimer quelqu'un ? Je n'en étais pas là. j'étais en attente comme une midinette qui elle au moins se contente de voir celui qu'elle aime et rentre chez elle pleine de ce bonheur d'avoir vu celui qu'elle aime. Moi j'en crevais et j'étais morte de tout ce qu'en moi je savais être autrement que comme ça. Une femme qui mendiait et qui n'en pouvait plus de mendier, mais qui continuait à espérer je ne sais quoi. J'étais confuse d'être aussi terre à terre, mais j'étais disponible pour cette confrontation avec ce qu'en moi j'évaluais d'aimer et ce qu'il me renvoyait de ne m'aimer pas. Quand on croit être amoureuse et qu'on s'en fait une maladie, il n'y a rien à espérer d'autre qu'une dépression insondable. L'une des façons pour moi de vivre dans l'inquiétude de vivre, dans l'inquiétude d'être, dans l'inquiétude, était d'y rester, dans cette inquiétude. Lorsqu'on n'a pas de raison valable pour soi d'atténuer son chagrin, on y reste planté rien que pour se dire qu'il n'y a pas d'importante chose qui se passe dans sa vie amoureuse et qu'il n'y aurait rien d'autre à faire que de se laisser couler dans la mort.

Mais faire cela n'était pas si facile parce que j'aimais être une actrice. Même si les rôles n'avaient pas beaucoup de différence, il m'était agréable d'être avec une équipe de film pour raconter une histoire qu'il m'avait plu de lire lorsqu'on me l'avait proposée. Malheureusement, j'étais disponible pour des metteurs en scène qui ne me voyaient pas autrement qu'en femme dépendante d'un homme, et cela me ramenait à ma propre histoire. Une seule chose comptait pour moi, c'était d'être mieux que la veille. Mais en dernier ressort, j'étais à bout de course d'être mieux que la veille et j'avais hâte de n'avoir plus d'autre envie que de me tourner vers l'indéfinissable moment où je n'existerais plus. Je n'avais pas l'intention de me donner la mort, mais j'avais envie d'interpréter ma mort autrement qu'en me couchant un jour d'orage de mon cœur, et voir un éclair me transpercer et me brûler vive.

J'avais des sueurs de femme complètement alcoolique quand je m'accordais un jour de plus et un autre jour de plus, tout en me disant qu'il fallait que ça s'arrête un jour. Et ça s'est arrêté sans même qu'en moi brille l'intention d'en finir réellement. On n'a pas pu déterminer si je m'étais suicidée, ou si j'étais morte par accident, parce qu'en même temps que je prenais cet alcool et des médicaments, je ne savais pas ce qu'en moi je voulais tant trouver dans le sommeil. On n'a pas pu m'idéaliser en femme solide de ce fait, alors que solide, je l'étais, puisqu'il m'a fallu tant d'années pour m'intenter une fin forcément troublée par les contradictions de mon raisonnement sur les gens qui étaient autour de moi sans me connaître, et ceux qui n'étaient pas autour de moi et qui croyaient me connaître à travers mes films.

Lorsqu'en me réveillant de mon sommeil de morte, j'ai entendu les cris de douleur d'une personne qui ne s'attendait tout de même pas qu'en un rien de temps je fasse ce geste incontrôlé de mourir sans dire au revoir. J'ai paniqué et j'étais bien obligée de voir qu'en paniquant rien ne se passait. J'étais morte dans l'état d'ivresse dans lequel je m'étais mise, et rien d'autre. Rien d'autre pour vérifier qu'en moi courait cette décision ou pas. Rien d'autre qu'un échange laconique avant de partir définitivement et n'être plus l'actrice de talent, mais l'actrice décédée.

J'étais comme perdue dans cet état de mort, parce qu'en me regardant morte, j'avais des larmes dans le cœur que je ne possédais plus, je sentais comme un poids énorme sur la poitrine que je ne possédais plus, et qu'en moi je sentais pourtant.

L'homme n'est pas dans l'erreur quand il dit qu'après une amputation il continue de sentir le membre qui a été coupé. J'avais coupé ma vie, et je la sentais pourtant. Il m'a fallu regarder autour de moi et ne voir pas d'autre issue qu'une sorte d'appel au secours que je ne formulai pas réellement en mots, mais en sentiment d'impuissance à comprendre ce qui se passait. J'ai regardé dans l'annuaire des gens que je connaissais et qui étaient morts, et je les ai appelés. C'était assez ridicule en quelque sorte d'agir ainsi, mais c'est ce qui me vint à l'esprit. Mon fils a tout de suite crié mon nom. Il n'a pas dit maman. Il a crié mon nom et m'a demandé pourquoi je pensais à des gens que je connaissais sans penser d'abord à lui. Je n'ai pas su quoi dire. J'étais morte comme lui l'avait été, par accident. J'avais cela en tête, je ne savais pas pourquoi. Et c'était comme s'il n'avait pas le droit de m'encourager parce qu'il avait eu peut-être la même idée de mourir sans vouloir vraiment mourir. C'était étrange de raisonner ainsi, alors qu'on me prenait pour morte, définitivement écartée d'une chose étonnante pour l'homme, la pensée.

J'ai fait alors des liens avec ces gens que je connaissais, et puis rien de plus qu'être là à ne pas savoir pourquoi. Ce n'est qu'à l'heure d'être décidée à écouter les encouragements d'une personne qui décidait d'aimer, que j'ai pu entendre d'autres gens qui parlaient d'autre chose, et me voilà.

L'histoire était plus simple que je ne le pensais. Mais pas moins compliquée à réaliser. L'histoire tenait à l'amour à accompagner, et moi j'étais persuadée qu'il me fallait être capable d'aimer quelqu'un sans rien vouloir d'autre que l'aimer à vie. Je me suis accrochée à cette chose disposée comme une épreuve dans ma vie, et qui me faisait croire qu'en restant dans cette intention d'aimer, j'étais forcément celle qui avait raison. J'avais tort. Il n'y avait pas à s'accrocher à une personne ni même à sa famille, mais à l'humanité qui comprenait également cette personne et sa famille. J'étais imperméable à la guérison de mon désir d'être heureuse avec celui qui m'avait trouvée intéressante quelques mois, puis inintéressante au point d'être dans l'artifice de me faire croire qu'en fin de compte j'avais déjà tant eu que je pouvais bien laisser passer mon tour.

Parce qu'on ne se contente pas d'aimer sans rien en attendre en retour, on perd tout ce qu'il y a dans le fait d'aimer sans rien en attendre en retour. J'étais dans l'esprit d'un amour absolu et pour toute la vie, alors qu'en me faisant actrice, j'étais dans l'histoire de femmes qui avaient des attirances et des éloignements qu'elles faisaient payer aux hommes d'une certaine façon, puisqu'elles se refusaient à revenir entre leurs bras. J'étais connue pour être de ces femmes libres qui décidaient de quelle façon elles allaient s'entretenir avec l'amant, et rien de ce qu'on me donnait à jouer n'était directement dans cette intention, mais moi j'influençais forcément l'histoire en me rappelant qu'il n'y avait pas d'amour heureux, que j'en étais une victime.

Lorsqu'on joue un rôle, on se met dans l'idée du personnage, mais l'idée d'un personnage n'est pas immuable, elle est faite de ce que l'actrice ou l'acteur vit quotidiennement, et donc influence le rôle. Mais dans mon cas c'était assez pénible d'être libre à l'écran et ficelée dans des idées de convention personnelle, et n'avoir pas moyen d'en sortir. J'étais souffrante dans mon corps et dans mon cœur, mais je n'ai jamais rien dit à personne pour les raisons d'incompatibilité de conception de ce qu'aimer devait être. J'étais à mille lieues de penser qu'on avait à rester tranquille dans l'amour qu'on avait pour quelqu'un, et s'en aller si cette personne n'était plus prête à aimer également.

En me lisant en l'amour-même, j'ai vu l'impact de mon comportement sur les gens qui m'aimaient dans l'inconfort de me voir trop engagée dans mon travail et pas assez dans ma vie privée. J'ai vu les incohérences d'aimer en se croyant perdue si l'on n'est pas aimée également. J'ai vu qu'il n'y avait pas de place en l'amour-même pour cet amour humain qui demandait en retour. J'avais fait des serments de jeune fille que j'ai gardés en tant que femme, et ce n'était qu'une sorte d'idéalisation de l'amour qu'on aurait pour moi.

Quand l'amour-même m'a donné la réponse, j'ai compris mon erreur de vouloir ressentir l'amour pour moi, et donc d'avoir l'amour pour moi seule. Alors qu'en aimant en Dieu-amour-même on ne ressent pas l'amour, puisqu'on se sert de l'amour pour aimer l'autre. L'impact de cet amour rejaillit dans sa vie au quotidien, et n'est pas celui qui reste dans l'attirance des âmes l'une pour l'autre. J'étais dans l'amour personnel, qui devait durer toute ma vie, et non pas dans l'amour en moi-même, qui aime sans rien demander en retour. J'avais des envies d'être bien en phase avec mon serment, et il m'a empoisonné mon existence.

L'homme acteur ou la femme actrice demandent d'être admirés. Il n'y a pas de place pour l'admiration en l'amour-même-Dieu. Mais plus que l'admiration, il y a l'amour éternellement diffusé en l'homme ou la femme qui choisit comme métier l'admiration.

Bernard Giraudeau

Les gens m'ont pris pour quelqu'un de courageux, et je vais sans doute choquer les miens, mais je ne m'étais pas ménagé pour la contracter. En regardant en l'amour-même-Dieu, il n'était pas question de courage car en la contractant j'avais seulement fait des miennes parce que l'on ne m'entendait pas comme j'aurais souhaité que l'on m'entende. Il n'y a aucun doute, les attentes sont dangereuses et déstructurent la vie de quelqu'un qui espère des choses qui n'ont pas à venir ou qui sont pour un autre moment d'existence. J'étais comme en cage lorsqu'on me refusait ce que je désirais, et pourtant on ne m'a pas refusé grand-chose. Intérieurement j'étais sur les nerfs et extérieurement je paraissais d'un calme olympien.

La maladie m'avait grandement bousculé, et pour paraître encore plus calme qu'avant, je mettais des heures à me préparer pour sortir. Il fallait absolument que j'assume cette satanée maladie et qu'on ne me voie pas pleurer. J'étais malade d'entendre qu'on se faisait du souci pour moi parce qu'en temps de maladie, j'étais moins fort et donc vacillant aux yeux des autres alors qu'intérieurement j'avais une volonté de fer pour ne pas paraître vacillant. Les jours de faiblesse je m'installais dans ma chambre et j'avais de quoi rêver à mon avenir dans l'enfer de la mort qu'on m'annonçait plus ou moins proche. L'internement des malades psychiatriques est enviable, on ne leur donne aucune espérance de vie normale, mais moi je n'avais aucune espérance de vie, même anormale. J'enviais mes camarades de comédie qui étaient en pleine saison de travail, se levaient en forme le matin et prenaient des trains ou des avions pour aller tourner quelque part où ils savaient qu'ils allaient pouvoir en même temps prendre du temps pour eux et voir ce que la Terre comporte de merveilles. J'aimais cela, aller loin, voir les autres et revenir chez moi, content des trouvailles artistiques ou humaines. Je faisais des plans de travail toujours lointains, parce que les bateaux m'intéressaient et que l'aventure dans des endroits à la correspondance épistolaire ou téléphonique limitée m'entraînait dans des rêves d'homme de pays étrangers, comme au temps des découvreurs de terres par-delà les mers.

J'avais eu des doutes dès l'enfance sur la durée de ma vie. J'étais fou de voyage pour cette raison-là, j'avais envie de connaître le monde entier par bateau, et plus avant dans les terres en marchant vers les montagnes que l'on voyait à perte de vue devant soi.

L'ardeur de vivre m'est venue lorsque enfant j'étais puni par mes parents pour une bêtise que je ne reconnaissais pas comme telle. On me donnait des cours de français dans la langue de Voltaire, et moi je préférais le parler de mon copain d'en face. Cela ne plaisait pas en haut lieu parental. Je n'estimais pas que j'avais tort de préférer celui qui m'amusait à quelqu'un du passé qui avait le temps d'attendre, puisqu'il était mort depuis longtemps. Maintenant que je le suis aussi, je désirerais connaître ceux que je croyais sans souffle de vie après le décès. Je veux dire que je suis vivant, mais non pas sans possibilité d'agir dans la vie de ceux que j'aime, de toute ma force d'aimer retrouvée directement en Dieu-amour-même. Il m'est difficile de parler d'eux, parce qu'ils ne sont pas avertis de ce qu'est la mort et pourraient croire facilement à une farce de comédien, ou encore de celle qui recueille simplement mes dires. On n'a pas d'autre moyen que de parler pour déposer son témoignage directement sur l'ordinateur, et non pas dans une rencontre avec un esprit encore dans les enfers ou je ne sais où, selon les croyances des vivants. Notre groupe de travail ici n'est pas dans le monde ordinaire, mais dans l'extraordinaire de notre monde ordinaire. C'est-à-dire en amour-même-Dieu, qui est en chacun et non pas quelque part dans les sphères célestes d'où ils descendent parfois. C'est facile pour celle qui écrit, mais véritablement incompréhensible pour ceux qui imaginent qu'un mort n'a pas d'autre ressource qu'être mort et enterré ou incinéré, suivant sa demande préalable. J'étais mort depuis le moment où l'on m'a annoncé que je n'avais pas beaucoup de chances de m'en sortir, parce qu'une partie de moi refusait d'entendre ce qu'on me disait. Je ne vivais qu'avec l'autre partie qui se disait capable de dépasser cette chose-là et de gagner sur elle au moins deux ou trois ans. Mais la maladie ne fait que suivre le programme qu'elle s'est donné depuis longtemps, et mourir fait partie du but. Ceux qui s'en sortent n'avaient pas dit qu'ils faisaient une halte par la mort, mais une halte par la maladie dont on peut se sortir parfois diminué, parfois moins en forme mais encore vaillant, ou quelquefois totalement impuissant à garder l'envie d'être en totale bonne santé. Et on se traîne avec des médecins et des pilules et des visites médicales de contrôle pendant des années. J'étais du côté du mourant de chagrin d'être diminué, et j'en ai fait une mort digne.

L'histoire était pourtant bien partie pour moi, mais j'étais anxieux d'être revenu dans les seconds plans et non plus dans les tout premiers rôles. Lorsqu'on prend de l'âge et qu'on a été superbement bien servi dans des rôles de jeunes mecs pleins d'allant, on ne se voit pas faire les Père Noël à la fête paroissiale. J'étais anxieux de vieillir dans l'âge d'être grand-père et non plus acteur de cinéma de renom. On ne choisit pas ses hantises ? Si, bien sûr, on les choisit en se regardant d'une certaine façon et en ne s'imaginant pas autrement. Personne n'avait envie de me voir mourir et moi non plus. Mais dans les imaginations que l'on a de soi, on ne se dit pas des choses aussi directes que : si je vieillis avec la hantise d'être non plus un acteur de premier plan, mais un vieux comédien qu'on utilise pour des petites choses de télévision, je préfère mourir. On ne se dit pas non plus : si je ne suis qu'un grand-père et pas un comédien de premier plan, je vais me rendre malade de ne pas être ce vieux-là. J'étais étonné d'être malade parce que j'avais une vie pas si mal rangée que ça, et qu'on ne me forçait pas à faire ce que je ne voulais pas faire. Alors, qu'est-ce qui me tombait dessus ? Rien ne nous tombe dessus, mais nous allons le chercher en notre incapacité à accepter telle ou telle chose. J'avais une incapacité à me laisser vieillir dans des utilités cinématographiques, et des écritures qui allaient forcément s'arrêter parce que je ne faisais que raconter mes voyages. Il n'y a pas de définition de ce qu'on veut ou qu'on ne veut pas vivre. C'est ce que l'on se sent capable ou pas capable de vivre. C'est tout. J'étais disponible pour des gens qui m'aimaient en Bernard Giraudeau ou en Bernard tout court. Mais pas pour des gens de cinéma qui ne voyaient plus l'étoile montante en moi, mais l'homme d'âge mûr qui vieillissait plutôt bien mais à qui on n'avait pas de rôle à proposer. J'ai galéré plus que je ne l'ai dit, parce qu'en m'agitant partout je donnais l'impression d'être actif. Mais en réalité je me voyais inquiet. L'instant de vivre sans même pouvoir dire que demain on s'en va tourner quelque part m'a semblé si pénible que je ne me souhaitais pas d'être de ceux dont on regarderait les anciens films en se demandant ce qu'ils étaient devenus. On n'a pas de raison de paniquer parce qu'on a de la ressource, se persuade-t-on, mais les preuves ne se font pas voir et on triche sur son état de santé, et on triche sur ses faiblesses, et on triche sur ce qu'a dit le médecin, et on meurt de n'avoir pas dit à quel point on souffrait d'être sans avenir au cinéma de ce temps-là, où on vieillit et où personne n'a de projet pour vous. J'étais disposé à m'enterrer dans une solitude frisant l'incorrection, mais j'avais trouvé durant ces dernières années une personne pour m'accompagner sans m'interdire d'être seul quand cela me faisait plaisir. Tout le monde n'a pas cette discrétion et cela m'a beaucoup aidé à n'avoir pas peur de mourir seul. Mais on ne sait pas quand on va mourir, et c'est vraiment une vue de l'esprit que de croire que parce qu'on est accompagné on ne mourra pas seul.

Une chose m'a manqué, c'était la certitude d'être quelqu'un d'intéressant pour celle qui me tiendrait la main à la fin de ma vie, et pourtant elle était proche de moi. Il est vrai qu'en pensant à cela, je ne m'attendais pas à mourir aussi loin de ce que j'avais pensé enfant. Enfant, j'imaginais que mourir, c'était à l'âge de son père, mais quand je pensais cela, mon père n'avait pas trente ans. L'histoire s'est tout de même terminée mieux que je ne l'avais imaginé, mais elle est restée dans l'inquiétude de cet avenir incertain et de n'avoir pas, avant d'être malade au point de faire peur aux producteurs, trouvé quoi que ce soit qui puisse me garantir de tourner des années encore sans m'inquiéter. J'étais devenu transparent. J'avais des projets de livres pour encore quelques années, mais j'étais à bout de nerfs d'être seulement écrivain parce qu'il était impossible d'être acteur. C'était bien gentil d'écrire et de faire des signatures au Salon du livre des petites ou grandes villes de France, mais pourquoi faire si ce n'est pas ce qui remplissait ma vie de projets de cinéma ?

On reste devant sa machine à écrire et on regarde l'heure passer, et puis lorsqu'on a fini un chapitre, on dit qu'on a terminé l'épreuve et qu'il faut passer à la suivante. J'avais de ces joies dans l'écriture quand une phrase me plaisait, et de fines visions d'imposture quand j'en avais qui n'avaient pas de fond mais remplissaient la page. Parfois, je me demandais s'il me fallait lire ou écrire ce que j'avais lu et me faire croire qu'en l'écrivant j'étais devenu réellement écrivain. On m'a donné un prix parce que j'étais Bernard Giraudeau et que cela parlait d'un homme handicapé pour qui je voyageais afin qu'il puisse, en me lisant, partager mes rêves. Mais c'était seulement une histoire d'homme solitaire devant un autre homme solitaire, et personne n'a pensé à en faire une histoire filmée. Pourtant, dans ces pages, j'ai mis tout ce que je savais de tendresse pour quelqu'un dans l'impossibilité de faire ce qu'il aimerait faire parce qu'il n'en a pas les moyens ou qu'on ne pense pas à lui en donner. C'est cela que j'ai écrit, ma déception de n'avoir pas de projet cinématographique qui m'éviterait d'avoir à devenir écrivain pour ne pas rester sans but. J'avais compris qu'en me plaçant le mieux possible devant une feuille de papier le stylo à la main, je pourrais dire deux trois choses de ma vie qu'on n'aurait pas forcément à prendre en compte pour me décrire plus tard, parce qu'on ne saurait même pas qu'en les écrivant je pleurais d'amertume. Mais puisque ici je sais que je suis entendu au moins d'une personne, je puis dire que j'avais dans l'idée d'être reconnu comme écrivain pour placer un de mes sujets dans un projet cinématographique. Au moins j'aurais pu participer à quelque chose qui me passionnait, dont pour le moment j'étais relégué dans les oubliettes des faiseurs de films. Celui que j'ai tourné en me plaçant comme producteur, dans le sens où j'ai initié le projet de bout en bout, n'était qu'une petite histoire sentimentale à trois sous. Mais même cette petite chose m'entraînait dans des pays de rêve où j'ai pu me faire l'illusion de croire quelques instants que j'avais une chance d'avenir dans le cinéma d'auteur télévisuel. Malgré mon dédain pour la télévision, j'ai tout de même pensé m'investir dans quelque chose qui resterait dans la mémoire des gens comme le film de Bernard Giraudeau, et non pas celui de l'autre dont on ne se souvient plus le nom. Voilà où j'en étais arrivé mine de rien, avec ma belle gueule de vieux comédien des années quatre-vingt et un peu plus, qui n'a pas tourné d'histoire intéressante depuis des années. Les années semblent des siècles quand on attend et qu'on sait au fond de soi qu'on n'aura pas le temps d'attendre encore longtemps. Les premiers symptômes sont apparus lorsqu'en fin de compte j'avais une femme près de moi, qui pouvait m'aider à tenir la distance entre les projets de fin de vie et les projets de fin de carrière. Et tout s'est enchaîné jusqu'à partir dans les champs de fleurs d'une mort annoncée depuis des années. Et qui finalement n'a pas pris trop de temps pour me dire qu'être vieux n'est pas une maladie, mais l'avantage d'être capable de regarder en arrière et voir ce qu'on a fait de sa vie, et ce qu'on pourrait encore faire pour corriger ce qui n'est pas conforme à aimer sans rien attendre en retour.

J'étais bien las de ma façon d'être inquiet, et loin derrière moi j'avais ressenti une sorte d'invitation à ne pas m'y enfermer, mais j'avais toujours entre deux projets l'esprit envahi d'idées tristes et moroses. L'une des raisons était d'avoir à me ressouvenir de ce dont je ne parvenais pas à retrouver la trace dans mon quotidien. J'essayais d'être simple avec les gens, j'essayais de n'être pas arrogant, j'essayais d'être souple, mais toujours revenait cette morosité. J'étais tout simplement en train d'essayer de me ressouvenir pourquoi j'étais né. C'est pour aimer sans rien attendre en retour, et non pas aimer le cinéma où l'on est avec une équipe qu'on espère soudée pour le même projet. Mon sentiment d'inquiétude venait de ce que je ne parvenais pas à me faire entendre résonner en moi l'amour pour les autres sans rien attendre en retour.

J'aimais mes enfants, mais je n'entendais pas ce qu'il me fallait faire pour être sûr de les aimer vraiment. J'étais comme perdu dans le sentiment d'être père et ne pas voir que ce père ressemblait à une façon de vivre l'amour pour ses enfants. C'était parce que je voulais être le père aimant, au lieu de me laisser être ce que j'étais. On n'a pas d'informations sur ce qu'on désire plus que tout et qu'on n'identifie pas d'emblée. On a tous cette envie d'amour éternel, mais on ne parvient pas à se souvenir que c'est d'aimer les autres sans rien attendre en retour qui est amour éternel. Les gens qu'on aime parce qu'ils sont dans notre famille ou des amitiés n'ont pas de base solide non plus pour nous rappeler qu'on aime sans demander d'être aimé. L'erreur de casting est ce que nous redoutons, mais dans la vie on se place toujours dans des circonstances qu'on n'évalue pas et qui nous mènent à la mort sans que l'on ait compris pourquoi. J'étais parti à la mort sans me douter qu'il y avait une cause autre qu'un coup du sort. Les gens ne se méfient jamais de leurs pensées et ils pensent ensuite n'avoir pas eu de chance dans la vie qui leur réserve une sale maladie. On n'est pas sans responsabilité dans les maladies qui viennent vérifier la relation que nous entretenons avec ne pas aimer les autres, ou les aimer en attendant en retour. Il n'y a pas de petit être innocent, mais des êtres humains qui, de vie en vie, sont indécis d'oser aimer toute l'humanité sans rien en attendre en retour. C'est-à-dire en s'accompagnant de l'amour-même-Dieu qui diffuse l'amour sans rien en attendre en retour en tous les êtres humains de la Terre.

J'avais ce sentiment d'avoir à être d'une certaine manière, mais je ne trouvais pas laquelle. Les façons d'être soi ne sont pas des façons d'aimer sans rien attendre en retour, puisqu'en accordant sa vie à aimer, on n'a pas à chercher comment faire pour aimer. Il est de bon ton de faire des actes de bienveillance ou de se montrer généreux, mais se montrer est bien ce qu'on ne peut pas faire en l'amour-même. Être simplement ce que l'on est et n'envisager pas de penser ce que l'on peut faire pour être ceci ou cela. La difficulté est qu'on nous a ressassé des milliards de fois que nous devions être bons. Mais être bon, ce n'est pas être. Et être c'est aimer comme l'amour-même-Dieu, c'est-à-dire sans rien en attendre en retour. Notre pain quotidien est ce que nous demandons, au lieu de demander d'être nourris par l'amour pour les autres, qui nous réalisera.

J'avais trouvé satisfaisant de faire du cinéma et je ne voulais pas que cela cesse aussi vite que je devenais vieux. Compte tenu que l'on reste insatisfait dans sa vie en se voyant peiner pour rester dans les meilleures conditions possibles sur le fil des actions que l'on aimerait faire, on ne peut s'étonner de récolter une maladie. C'était d'une souffrance bien plus lointaine qu'il s'agissait quand je ne me sentais pas satisfait d'être sans ce travail que j'aimais. Cela venait de ce qu'en me regardant le matin dans le miroir, j'avais des boules d'angoisse d'être là sans savoir pourquoi. J'avais beau me dire qu'on n'est pas maître de tout, cela ne passait pas. L'angoisse est venue quand j'ai été père pour la première fois. Je ne me comprenais pas, et j'essayais d'imaginer qu'il y avait une peur de vieillir derrière tout ça. Mais en me lisant en l'amour-même, j'ai compris qu'il y avait des peurs ancestrales.

Les vies successives ont donc bien leur influence dans la vie présente et n'avoir pas de vue sur ce possible empêche de comprendre parfois ce dont une personne est souffrante. On parle plus aisément de dons et moins aisément des tares qui empêchent de vivre normalement, du moins pour ce qu'on a estimé être normal. L'être normal est celui qui ne dérange pas trop ses voisins, c'est tout ce que l'on peut dire sur terre. Mais en Dieu-amour-même, il est aimant en l'amour-même-Dieu.

L'une des raisons de mon anxiété était donc cette terreur quand on m'a arrêté, et l'instinct de conservation chez moi s'est mué en peur d'être laissé à terre sans moyen de me relever. J'étais debout sur mes ergots, alors que je restais debout pour n'avoir pas à être poussé dans le fossé et mourir de peur d'être tombé. Il n'y avait aucune arrogance dans mon attitude altière, mais une véritable phobie d'être torturé par les autres qui me laisseraient à terre. L'humain que j'étais regardait derrière lui en tremblant d'avoir un ennemi derrière son dos. Les gens de cinéma n'ont pas tous des vues artistiques, ils ont comme tout le monde des envies d'être les premiers. Mais être premier n'est pas une réponse possible en Dieu-amour-même. J'étais persuadé de cela, mais incapable d'en faire le constat, puisqu'en moi-même je n'étais pas allé chercher la réponse. L'homme que j'étais devenu dans la maladie a beaucoup réfléchi à ce qu'il avait réalisé, et a vite su qu'il s'était enfui parfois par peur d'être rejeté. J'aimais de toute mon âme, mais j'avais terriblement peur de n'être plus dans la vie des gens qu'en moi je portais constamment. On se mutile pour qu'on ne vous mutile pas, bien que vous n'ayez pas la certitude qu'on vous mutilera. Les maladies sont insidieuses, ou au contraire très affirmées quand on connaît les incidences des vies successives.

Le temps est à la même place, et nous croyons qu'il avance vers une libération. Nous sommes déjà libérés, mais nous l'avons seulement oublié.

La maladie découle de sa vision du monde, et donc de son implication dans le monde et de l'implication des autres. L'homme malade fait écho à son incapacité à se ressouvenir de ce qu'il a en lui-même pour exister, et qui n'est pas d'une quelconque valeur humaine. L'humain va à la rencontre de ce qu'il cherche à comprendre, et parfois trébuche sur son incapacité à se reconnaître déjà aimé divinement. L'homme qui est dépendant de l'extérieur, et non de ce qu'il a en lui, dépense une quantité d'énergie qui ne l'aide pas à supporter l'effort qu'il doit faire pour vivre cet extérieur et s'affaiblit dans la maladie. Les différentes maladies font écho à la difficulté de chacun à se ressouvenir d'avoir à s'aider de ce qu'il a en lui-même pour accomplir son existence. L'heure de mourir est inscrite en chacun, et la façon d'aller à la mort n'est pas sujette à l'incohérence, mais à ce qui résulte des différentes façons que l'on a eu d'accorder sa vie à ce qui est amour en soi-même. Les façons d'interpréter une existence viennent des autres existences comme en écho.

Annie Girardot

L'histoire de ma vie reste une énigme pour beaucoup de gens qui n'ont pas fait la relation entre les désirs inassouvis et les petites méchancetés d'une société de cinéma qui voudrait qu'on ne soit pas autrement qu'elle le désire. Normal, puisque ce sont des hommes et des femmes comme tout le monde vivant dans une société ordinaire qui en fait autant. J'avais froid dans le cœur quand je voyais des gens jouer si mal leur rôle et qu'on ne faisait pas appel à moi. J'étais retournée par cette idée d'interdiction d'employer Annie Girardot : on n'était pas sûr d'elle sur un tournage dorénavant parce qu'elle picolait ferme. On ne me le disait pas ainsi, mais on le faisait savoir aux metteurs en scène et producteurs, et on m'a laissée ainsi croupir dans mon coin de femme incontrôlable. Oui, j'étais soûlée par l'oubli des metteurs en scène et par l'interdiction de m'engager sous peine de payer une assurance exorbitante dont on pouvait se passer avec quelqu'un d'autre. Oui, j'étais maltraitée par ce métier qui ne m'envoyait pas dire ce qu'il pensait de moi, et qui pourtant m'envoyait des compliments à travers les prix qu'on m'octroyait de justesse pour n'être pas taxé de malhonnêteté vis-à-vis de talents reconnus du public et non de la profession. Oui, j'étais morte de chagrin d'être la femme reléguée aux petits rôles pour ne pas prendre trop de risques. Et oui, j'ai été idiote d'être sans ressort pour montrer que j'avais besoin de travailler pour ne plus être prise pour une soûlarde.

Et puis c'est là qu'on m'a retrouvée dans les rues de Paris, ne sachant pas exactement où j'étais. Et c'est là qu'on m'a prise pour une ancienne comédienne de renom qui n'avait plus de repères et qui se souvenait seulement d'avoir fait des choses avec des gens, et ne plus bien savoir qui ils étaient pour être avec elle dans ce machin qu'on lui montrait, et qu'on ne voulait pas qu'elle oublie, mais qu'on ne pouvait pas inscrire dans sa mémoire qui s'en allait au fur et à mesure et ressurgissait, et puis repartait comme une sorte de mouvement d'intermittence assurant les fils de la mémoire. J'avais regardé les gens dans les yeux et je ne savais pas ce qu'étaient des yeux et des mots et des phrases qu'on disait, et qui ne m'évoquaient rien de plus que des lointains rappels d'une chose qui n'avait aucun sens dans ce que je pouvais encore exprimer.

La mémoire est très mal connue, et si l'on fait des efforts pour se rappeler une chose, on doit alors imaginer qu'elle est stockée quelque part dans la tête ou dans le ventre ou dans les cellules, mais sûrement un endroit où l'on peut la retrouver. Mon cœur ne savait pas rester tranquille quand on m'infligeait de vouloir me souvenir de ma vie que j'avais oublié être la mienne. Tourner à l'improviste comme cela a été fait est resté dans l'intimité de ma mémoire intérieure, mais pas dans ma mémoire vive d'une journée passée avec des gens qui voulaient me rendre service. On n'a pas fait cela contre le fait que je perdais la tête, mais pour me rendre ma tête. J'étais incapable d'en prendre conscience, je ne voyais qu'un défilé de têtes qui regardaient dans ma direction et qui souffraient, ça se voyait, de ce que je ne me souvenais pas d'emblée d'elles. Puis ils sont tous partis, et je n'ai rien retenu de tout ces gens qui étaient venus me rendre service dans l'idée qu'on pouvait m'aider à réveiller ma mémoire cinématographique. Mais comme c'était justement ce qui m'avait fait sombrer dans la maladie de la mémoire non sélective, j'ai cru qu'on regardait des gens qui étaient célèbres et qu'on jouait à me les refaire voir sans qu'ils soient directement liés à ma vie.

L'histoire de la maladie d'Alzheimer est étonnante d'incompréhension pour les médecins, et c'est intéressant de voir d'ici comment cela fonctionne. On s'était mis en veine de vouloir me faire retrouver la mémoire que j'avais volontairement voulu effacer de mon esprit. L'homme en blanc se targue de faire des miracles parfois, mais il ne sait pas du tout d'où viennent ces miracles qu'il croit avoir accomplis avec sa chirurgie et ses médicaments nocifs pour toute une génération d'humains ayant fréquenté de près ces choses qui vous laissent des traces, même après le décès, parce que vous imprimez en votre âme ces perturbations non résolues véritablement.

J'avais demandé à ma fille d'être là pour moi et elle l'a été, mais elle ne pouvait pas me guérir des blessures que j'avais contractées en frôlant de trop près son père. Il n'était pas responsable de toute ma misère d'alcoolique, mais d'une bonne partie, car je ne faisais que réagir à ses ordres d'être comme il le souhaitait et non comme je le souhaitais. Les autres hommes ont fait pire parfois et d'autres n'ont fait que silence à mes souffrances. Bien entendu, j'étais comme une personne sans défense ? Non. Mais on se plaint car on ne parvient pas à résoudre ses problèmes par sa force d'intention de gagner la partie. Il m'a fallu me battre pour arrêter de trembler devant la caméra lorsqu'un gentil metteur en scène me donnait l'occasion de jouer encore un peu, et pourtant j'étais si affaiblie par la boisson qu'en me réveillant le matin je perdais l'équilibre à cause du reste d'alcool non évacué dans le sang.

J'étais bien évidemment certaine d'être encore capable d'être une bonne actrice parce que mes bases étaient solides, mais l'alcool dénature toujours les sentiments d'importance qu'on se donne. Et quand j'en parle ici, je vois à quel point, parfois, j'étais en dessous de mes capacités d'actrice de renom. On ne peut pas toujours être parfait dans les rôles au cinéma parce qu'il s'agit aussi de la manière dont les choses sont filmées, parfois on peut reprendre là où le metteur en scène a failli et moi, je n'y arrivais plus. L'une des raisons qui m'ont fait reculer devant la caméra, c'était l'alcool, mais pas le goût de l'alcool. J'étais soûle avant même que de commencer à boire pour m'achever. J'avais des médicaments de substitution comme on dit cela en termes polis, pour me tenir grande devant mes fatigues de vivre sans avoir de contrat d'avance pour me réjouir d'être dans le métier que j'aimais faire.

Depuis toute jeune débutante je ne renonçais jamais à comprendre une façon de se mettre en face d'un autre pour lui donner la juste réplique dans les justes mots écrits, pour jouer une scène d'amour ou de colère ou que sais-je encore ! L'endroit où je me sentais le mieux était sur scène, qu'elle soit de théâtre ou de cinéma, et lorsqu'on m'a mise en quarantaine, j'étais désespérée, tant et tant désespérée qu'il m'a fallu le dire en m'infligeant cette maladie de l'oubli de ce qui vous fait mal. L'Alzheimer est resté dans ma mémoire et je puis donc en parler savamment, et intelligemment pour que tout le monde comprenne, même les plus autorisés à ne pas me faire confiance, vu que je parle du monde des morts.

Lorsqu'on choisit d'oublier ce qui nous fait mal, c'est dans l'instant où l'on s'en souvient si souvent qu'on souhaite que cela finisse un jour. Et dans la mémoire qui est active à ce moment-là, il s'imprime un désir d'oublier ce qui fait mal, si mal qu'on sent qu'on va mourir si on ne l'oublie pas. La mémoire ne fait pas le tri entre ce qu'il faut oublier et ce qu'il faut garder précieusement, tout se dégrade en bloc. Les médecins doivent demander au malade s'il est dans la phase d'oubli des chagrins de sa vie ? Non, bien sûr, puisqu'il s'agit d'une descente progressivement active dans l'oubli des choses infimes, parfois, qu'on choisit d'oublier pour des raisons de honte ou d'inconfort, ou de malheur intensifié par des remarques des autres. Et même parfois des choses de la vie intime qui ne sont pas conformes à ce qu'on aurait souhaité vivre, ou des attentes d'une autre personne, ou des attentes pour soi-même... Les attentes sont de loin les plus dangereuses, parce qu'elles ont l'air d'être normales, alors qu'elles génèrent des frustrations ou des colères qui font des dégâts dans le corps physique après en avoir fait dans l'esprit et dans l'âme. Il n'est pas de médecin de l'esprit ni de l'âme, car les religions ne s'occupent pas de ce qu'on fait de sa vie, mais de ce qu'elles demandent qu'on fasse de notre vie. Ce qui n'est tout de même pas la même chose. La religion dans laquelle j'ai été élevée n'était pas dans mon cœur de femme actrice, mais a été dans mon cœur de femme désespérée de n'être plus une femme actrice à la hauteur de ses capacités. L'on n'est pas né pour être actrice de cinéma, mais pour connaître la décision que l'on va prendre d'aimer ou n'aimer pas les autres, et donc ce que l'on a à faire réellement de sa vie d'être humain. Mais ça, on l'a oublié, et ça, personne ne songe à vous le rappeler. J'étais si troublée par l'effet cinéma dans ma vie, que j'en ai oublié qu'on pouvait faire tout autre chose, comme beaucoup d'autres gens, et en être heureux tout de même. Les artistes ont une faiblesse majeure, ils demandent à être adulés dans le milieu où ils sont des personnes comme les autres et non pas des êtres exceptionnels, même s'il se trouve qu'ils ont un talent fou pour interpréter tel ou tel rôle. J'étais de ce genre d'actrice qui avait raison de se vanter de savoir lire un texte, et pourtant je n'ai pas su lire le texte de ma vie intime et de ma vie d'actrice. On n'est pas bon partout à voir comment on se prend les pieds dans le tapis quand un malheur vient nous dire de décider du choix de notre direction de vie : Aimeras-tu enfin, ou n'aimeras-tu pas ?

Les personnes touchées par la maladie d'Alzheimer n'ont pas fait le choix de s'accorder un peu de repos dans les malheurs, les chagrins ou autres petits détails devenus gros dans leur esprit. L'esprit a tout englobé dans l'envie d'oublier et elles n'ont pas eu de moyen d'extraire ce qu'elles avaient de doux qui leur aurait permis de vivre sereinement. L'enfermement dans des maisons spécialisées est une chose qu'on ne peut pas dénoncer car elles sont un relais efficace pour ceux qui, en privé, auraient à s'occuper d'un malade vingt-quatre heures sur vingt-quatre. Mais elles ne sont pas non plus ce qui peut régler le problème des malades qui veulent ne pas se souvenir de certains détails de leur vie. Aussi bien les médecins vont trouver des effets de ralentissement, mais jamais de guérison. Donc que fait-on dans un cas ou on n'a aucune chance de guérir le malade qui veut oublier des temps de sa vie ? On l'aide à traverser le temps de la maladie, en le laissant sans nécessité de se souvenir de quoi que ce soit, et dans la gentillesse et la joie d'être là ensemble. Il n'est pas de malade qui n'aime pas qu'on lui vienne en aide en lui souriant le matin ou en le bordant le soir. La maladie de la mémoire non sélective demande d'être bienveillant avec le malade. Cela ne le fera pas retrouver la mémoire, mais au moins le malade reconnaîtra cette chose qui ne s'oublie pas : la douceur d'une voix, un acte de bienveillance. On n'aura pas de plus beaux résultats que le sourire joyeux d'une personne atteinte de cette maladie. L'amour du cœur devient le seul remède efficace dans ce cas d'impossibilité de partager ce qui faisait mal et qu'on a voulu oublier. L'enfermement est donc nécessaire, à condition que la bienveillance soit permanente.

J'ai rompu avec cette maladie dès mon réveil de la mort. Les choses se sont mises à tourner en moi-même, et je me suis demandé pourquoi j'avais fait ce cauchemar d'oublier tous mes souvenirs, les bons comme les mauvais. J'ai tourné un temps là-dedans, et puis je me suis sortie de ce tourniquet en entendant d'autres personnes revenir elles aussi de cet enfermement d'être sans mémoire. On n'imagine pas ce qu'il y a de perturbant dans l'acte d'oubli de soi, et donc des autres, en retenant seulement qu'on vit dans une sorte d'endroit où les gens font des choses dont on ne connaît pas les mots pour les nommer ; et que de ce fait on n'a pas d'existence propre, mais une sorte d'accoutumance à être là. C'est difficile de comprendre une chose qui n'a pas de nom dans cette maladie de la mémoire, et donc c'est comme ne pas pouvoir marcher parce qu'on n'a pas le mot jambe dans sa mémoire. C'est d'inventer des mots qui pourrait aider, mais on ne se souvient pas comment les mots sont faits. On se voit dire des choses et on ne les voit pas comprises par ceux qui nous écoutent. C'est comme les bébés qui disent des choses dans leur berceau que personne ne comprend réellement, mais on fait comme si on avait compris et le bébé continue à parler dans son langage connu de lui seul. Il a lui-même oublié qu'il est en connexion directe avec ceux en lui qui l'aident à commencer sa nouvelle vie. Mais parfois cela se fait entendre en lui-même, et il produit des sons de réponse, non à ceux qui sont devant lui, mais à l'intérieur de lui-même. Mais comme le bébé, le malade de la mémoire non sélective oublie qu'il a en lui-même les aides qui lui permettraient de retrouver les mots des choses ordinaires, pour continuer à vivre en compagnie des autres. Lorsqu'on entre dans cette maladie, on n'a pas prévu quand, mais on se voit y entrer de plain-pied et ne pas en sortir jusqu'au moment de mourir où tout a l'air de se rallumer. Bien qu'on ne sache pas tout de suite où l'on se trouve, on est libéré de cet enfermement de ne plus pouvoir trouver les mots qui permettent de vivre ne serait-ce que l'ordinaire. Comme l'est un amnésique qui revient tout de même avec des mots de tous les jours pour continuer à vivre, même s'il ne se souvient pas pourquoi il est là. Il pense et réfléchit aux nouvelles choses, mais garde la base des acquis dans sa mémoire intérieure qu'il peut compulser. L'amnésique dit pouvoir se souvenir de certaines choses et pas de certaines autres. Mais dans le cas de l'Alzheimer, c'est le tout qui s'en va, et les mots deviennent des énigmes que le malade ne saura plus résoudre. J'avais des mots que je connaissais bien, comme cinéma, faire bien son travail, et surtout ma fille, mon enfant, et en même temps je ne savais pas comment les reconnaître rien qu'en disant le mot. On ne peut pas imaginer à quel degré les choses vous marquent tant que vous n'avez pas lu votre parcours en ce qui est amour en vous-même. L'instant où j'ai perdu le fil de toute ma vie, c'était déjà l'heure de mourir. Les souvenirs meurent dans le corps, non dans l'âme et l'esprit qui demeurent vivants, séparés du corps. Lire sa vie est très difficile dans l'instant où vous n'êtes pas que victime des autres, vous infligez aussi vos sentences et elles ne sont pas de tout repos.

On ne regrette pas d'être malade quand on a des personnes qui s'occupent de vous avec grande gentillesse. Mais on le regrette pour ce qu'on leur inflige de chagrin de nous voir nous dégrader petit à petit, sans qu'elles ne puissent rien faire d'autre que demander à Dieu de les aider à nous aider à rester dans des conditions acceptables, ou alors de nous reprendre la vie. Mais cela ne se passe pas ainsi en Dieu-amour-même. L'amour-même n'écoute pas les prières des gens, mais aide à se ressouvenir d'avoir à aimer l'humanité pour sortir des vicissitudes de la vie. Les miracles ne sont pas à l'ordre du jour en Dieu, mais il peut se faire qu'une chose arrive parce qu'il y a quelque part un amour désintéressé qui ouvre une aide divinement donnée. L'enfantement de l'enfant divin est cet amour que l'on utilise pour aider quelqu'un sans rien attendre en retour. Le fait d'espérer une guérison pour retrouver la personne qu'on aime saine d'esprit est attendre en retour, et cela n'a aucun effet en l'amour-même-Dieu. J'avais demandé de la même façon à retrouver du travail pour reprendre ma place au cinéma, mais reprendre ma place n'était pas une chose que j'avais à demander puisqu'en aucun cas c'est au cinéma qu'on doit se réaliser mais aimer les autres sans rien attendre en retour. C'est justement parce qu'on ne va pas à cet amour en soi-même qu'on a besoin de se raconter des histoires pour tenter de se ressouvenir de ce que nous avons à faire de notre vie. J'étais bien entendu trop orgueilleuse pour me rendre compte qu'on n'avait pas besoin d'une bonne actrice qui ne tenait pas debout, on préférait de loin une moins bonne actrice qui saurait son texte et pourrait, avec le talent du metteur en scène, ressembler à une bonne actrice. J'avais des misères à raconter et je me suis laissée accroire que cela serait plus avantageux que d'être sans rien à dire à la sortie de ma vie. Et puis sans que je m'en rende compte, la maladie insupportable pour les autres est tombée sur ma maison et y est restée accrochée exactement comme elle savait être maladie incurable. Je me suis laissé soigner au début et puis je n'ai plus su qui me soignait et puis même pas de nom à dire pour rien, et puis la mort qu'on ne saurait pas nommer s'il le fallait.

J'étais dans un état de nerfs au début, puis d'une vague apparence de vivante dans le temps présent, puis une descente dans les caves de mon cœur, puis des petites faiblesses dans le ventre puis des réponses qui n'étaient pas là, puis rien de rien de rien. On croit tenir le bout de la maladie quand une personne se ressouvient d'une personne qu'elle ne reconnaissait pas le matin même, mais ce n'est pas exactement ce qui se passe. On ne se souvient pas des personnes, mais on peut parfois se rappeler une image qui rappelle cette personne et l'instant d'après n'avoir plus aucune notion de rien. Les médecins ne peuvent pas être là vingt-quatre heures sur vingt-quatre, et ce sont les parents qui peuvent prendre la relève et noter les changements, mais on n'a pas encore mis au point une véritable organisation de contrôle entre les parents et les médecins pour vérifier les choses que nous disons là. Il n'y a pas de quête d'aimer les autres dans la maladie de ce monsieur, il y a seulement des envies d'envoyer les autres ailleurs, surtout quand ils ne sont pas bienveillants. C'est une constante dans la maladie d'Alzheimer, les gens n'ont plus notion de rien, mais ils reconnaissent l'attention douce qu'on peut avoir pour eux. Les malades partis dans la violence sont perturbés par l'idée qu'ils se font des autres et font l'inverse de ce qu'ils ont envie de faire parfois, et peuvent alors confondre ce qu'ils demandent et ce qu'ils n'ont pas reçu. Cela pourrait être décelable dans le moment où l'on aurait les éléments de comparaison dans la vie de la personne malade. C'est malheureusement quand il est déjà tard, que la personne n'a plus conscience de ces moments où elle a reçu et ces moments où elle n'a pas reçu, qu'on décèle la maladie. On est encore là dans l'attente de quelque chose qui ne vient pas et on fait décliner sa mémoire pour ne plus s'en souvenir.

J'ai attendu ce qui n'est pas venu, et je me suis laissée perdre la mémoire de ce qui ne venait pas pour m'interdire d'avoir mal.

La fantaisie est dans l'idée de vivre sans se faire de tort avec le sérieux des idées reçues. L'humour est ce qui ouvre à la facilité d'aller aux événements de son existence. L'humour n'est pas de rire des autres, mais de trouver une manière de rire de soi en se tenant face aux autres. Toutes les manières de se regarder vivre à l'inverse d'aimer, et s'en faire une raison de demander de l'aide pour parvenir à aimer, sont directement accrochées à la réponse finale. Les humoristes n'ont pas forcément de l'humour pour eux-mêmes, et sont donc sujets à la paranoïa et au mal de vivre. Être humoriste devrait être ce qui ouvre à l'idée de conscience d'avoir à se méfier des prises d'initiatives contre soi-même. L'intention des humoristes est de ne pas se voir malheureux de vivre, alors ils essaient de rire avec les autres.

Alain Resnais

Lorsqu'on se voit mourir, on pense tout de suite à ce qu'on nous a raconté quand nous étions enfants. J'étais persuadé qu'on retenait les leçons quand on en avait besoin. J'étais convaincu d'une chose, c'est que je n'en avais pas besoin, de ce Dieu qui m'interdisait de graver mon nom à côté du sien, mais m'invitait pourtant à l'honorer. C'était affolant d'être croyant sans rien pouvoir vivre de réellement enthousiasmant dans les farces religieuses. J'avais demandé à Dieu, quand j'étais enfant, de m'avouer mes péchés véniels pour qu'en me levant le matin je puisse défaire ces péchés et me sentir bien en phase avec ce qu'il attendait de moi. Puis j'ai grandi et je me suis mis à examiner les phrases dites paroles de Dieu, et j'ai fait l'incorrection d'en parler un jour à un prêtre qui m'a tout de suite traité d'incroyant. Il m'avait à peine écouté, et il se permettait d'entrer dans mon intimité sans même répondre aux questions que je lui posais, uniquement pour me renseigner. On pourrait au moins apprendre à ces gens-là à être disposés à instruire les gens qui, réellement, avaient le souci de comprendre de quoi il s'agissait dans cette histoire d'homme perdu sur une croix, au milieu de gens qui n'avaient aucune idée exacte de son parcours, et qui pourtant se pressaient à ses pieds pour lui demander des tas de choses qu'il n'avait pas moyen d'offrir, vu là où on l'avait assigné à résidence.

L'enfer est peuplé de mauvaises intentions. Et cette fois, j'étais bien décidé à n'avoir pas affaire à ces gens qui vous répondaient de travers, parce qu'ils s'estimaient offensés de ne pas avoir été écoutés dans les croyances qu'ils avaient, sans pouvoir les expliquer correctement à ceux qui se donnaient la peine d'être curieux. Il est tout de même étonnant qu'on vous serve des choses sans queue ni tête, en vous intimant l'ordre d'y souscrire sinon gare à vous, et qu'en plus on vous interdise de vous renseigner pour comprendre mieux ce à quoi vous devez impérativement souscrire pour sauver, disent-ils, votre âme.

L'instant divin n'est pas dans l'instant du temps terrestre, et on mesure alors l'impossibilité d'être en phase avec Dieu, lorsqu'on retient de Dieu qu'Il est disposé à ralentir l'heure d'être complètement conscient de l'avoir en soi. Lorsqu'on se plaît à s'enrichir de prières plutôt que laisser la prière dire l'intention de Dieu, on touche alors à l'interminable frustration de ne rien comprendre à ce qu'on doit faire réellement de sa vie. Ma folie douce était d'essayer de comprendre, mais les prêtres qu'on m'avait donné à consulter n'avaient pas envie de m'instruire gentiment de ce qu'ils ne parvenaient pas non plus à comprendre d'une voie sacrée, indépendante d'une voie intérieure.

La foi chrétienne m'intéressait au point d'avoir tenté, par des images oniriques, d'essayer de reproduire ce que je croyais de la mort. Mais n'ayant aucune certitude, je suis resté coincé dans des approximations incertaines et fugitives, qu'on avait des difficultés à suivre pour cette raison essentielle : on ne nous donne pas d'éléments concrets pour dire ce qu'est la vie, ce qu'est la mort, ce qu'est Dieu. Tous les théologiens parlent entre eux de ce qu'il serait bien de dire pour tenter de rassembler le plus de croyants possible dans leur choix religieux. Mais en touchant leur épaule, et en demandant : « Que comprenez-vous de Dieu ? », on n'a pas l'impression d'entendre à l'unanimité la même compréhension de ce qu'est Dieu. Pour les uns et les autres, c'est le mystère, mais pourtant ils inculquent des dogmes qui n'ont pas l'air si mystérieux et qu'ils disent être paroles de Dieu. Ils disent aussi qu'on est descendu d'un mystère, mais pourtant ce mystère nous interpelle, il y a une contradiction trop dépendante des croyances des humains et non de ce qu'ils auraient entendu par eux-mêmes. On répond souvent de travers à la question : Qu'est-ce que la foi ? Les prêtres que j'ai interrogés m'ont simplement renvoyé à ma croyance personnelle. Mais moi je voulais comme eux avoir la foi, s'il se révélait que cela apportait une autre dimension à la vie d'une personne.

L'histoire d'être un enfant parfait m'avait traversé l'esprit, parce qu'un prêtre m'avait donné l'impression que j'étais docile et qu'on pouvait me faire confiance pour rester dans les pas de Dieu. J'étais assez fier de moi, et j'étais devenu curieux. Mais en grandissant, ces gens de religion se montraient si impérieux lorsqu'ils étaient investis de la soutane de leur Dieu, que j'ai fait machine arrière. J'étais devenu sceptique au point d'enterrer ma vie d'homme parfait dans la comédie de mœurs, et rendre mes personnages plus incohérents que l'image qu'ils se faisaient d'eux-mêmes, pour casser les codes de conduite qu'on imposait trop souvent à toute l'humanité. Les comédiens que j'avais choisis étaient très sérieux dans leur domaine et plus encore dans leur vie. Ils étaient souvent des gens de théâtre qui ne savaient pas rire d'eux-mêmes. J'ai fait mon choix en fonction de ce regard sérieux que ces gens avaient sur leur travail de comédien, et étonnamment cela leur a fait amorcer une carrière différente. On n'a pas fait d'inconscience pour rien. Il faut tellement se tenir droit pour qu'on vous remarque que tous ceux qui voulaient s'allonger de temps à autre se maintenaient debout afin qu'on ne les oublie pas. Mon travail de réalisateur était double. D'abord j'étais comme les autres, un homme qui voulait rester visible dans l'arche des artistes de cinéma, et un homme qui n'avait rien à faire des attitudes des comédiens de cette arche, et voulait leur montrer qu'il y avait d'autres manières d'être visibles. L'histoire a bien tourné pour chacun d'entre eux, ce qui m'a permis de devenir l'homme de cinéma qu'il m'intéressait d'être. En quelque sorte, j'ai appris dans les rouages des comédiens ce qu'ils n'avaient jamais osé faire et qu'ils auraient bien aimé faire sans prendre de risques pour leur carrière à laquelle ils tenaient tant.

L'indisposition à rire de soi était ce qui m'excitait le plus, et chacun des comédiens que j'ai pu faire extraire de lui cette misère du sérieux du métier m'a rendu au centuple l'envie de continuer. Une chose restera de moi, c'est l'interminable raison de vivre sans me prendre au sérieux. J'étais d'un naturel assez calme extérieurement lorsqu'on m'interrogeait sur mon métier. Mais en réalité, intérieurement j'avais des envies de faire le pitre et de m'amuser des gens qui n'avaient rien compris de ce qui me motivait, et qui me croyaient dans des réalisations personnelles dépendantes de raisons improbables qu'ils ne pouvaient pas voir d'emblée.

Lorsqu'ils m'ont fait l'honneur de me considérer comme un cinéaste réalisateur incontournable dans l'espace du cinéma français, j'ai su qu'ils n'avaient pas compris qu'en réalité j'étais plus fou que cinéaste, et moins cinéaste que fou d'images de cinéma.

L'histoire de ma vie résonne comme une histoire d'enfant joyeux qui aurait grandi dans l'atmosphère des fées et qui ne voulait pas en descendre. Un jour par semaine je m'interdisais d'être fou, c'était pour voir la différence. Et je me dépêchais d'arriver au lendemain pour retrouver ma folie douce, qui m'inventait tant de facéties que j'en aurais fait mille films s'il n'était pas aussi fastidieux de les mettre en orbite. Il n'y avait dans mon travail qu'une sorte de jeu d'intentions, et nulle part je n'ai vu que l'on m'avait compris. Mais il faut bien dire qu'en l'écrivant ici, j'ai toute facilité à cerner chacun de mes actes.

Il m'est arrivé d'avoir des angoisses, notoirement quand je devais affronter les publics de cinéma. On n'avait pas toujours envie de se faire écharper, même si on aimait à rire de tout. Une seule chose m'importait, c'était d'être en mesure d'avoir le droit de continuer à m'étonner, avec mes propres idées d'auteur de scenarii pour le cinéma des gens qui aimaient s'amuser et parfois réfléchir à leur gravité. Oublions que je suis mort et regardons les choses en face. Les gens ne meurent pas des idées qu'ils ont en tête, ils meurent des idées qu'ils n'ont *pas* en tête. C'est-à-dire d'être plus à l'écoute de ce qu'ils ont d'amour en eux-mêmes, et d'être plus à l'écoute des autres qui ont des difficultés comme eux à être à l'écoute de l'amour qu'ils ont en eux-mêmes. C'est une sorte d'interaction permanente entre les uns et les autres, et non un face-à-face qui dirait qui est le plus fort. Malheureusement, ce qui se passe dans le monde représente toujours des face-à-face qui disent lequel est le plus fort. Mon cœur disait toujours blanc quand mon esprit disait noir ? Pas exactement. Il essayait de trouver un compromis de gris qui lui permettait d'être entendu des deux côtés de sa vision des choses. L'homme a ceci d'étonnamment inquiétant, c'est qu'il ne se fie qu'à son esprit et oublie son cœur dans des causes intérieures dont il semble ne pas vouloir entendre les raisons. J'étais persuadé qu'on avait fait des horreurs pendant la guerre, mais j'étais aussi persuadé qu'on ne fait pas d'exactions dans le seul but d'exterminer une « race », parce que cela demande d'être d'une couleur particulière, tandis qu'une idéologie n'a pas de couleur autre que celle qu'on veut bien lui donner. L'idéologie a ceci d'infernal, c'est qu'elle demeure plus répressive que constructive. Ceux qui ont une idéologie à défendre, puisque généralement on s'attaque à l'idée que véhicule l'idéologie, se prennent pour des défenseurs du bien commun. Or ils ne sont qu'en prise directe avec l'envie de faire passer leur idée avant celle des autres. L'armée des ombres n'est pas sans chevalier blanc qui voudrait faire reconnaître le droit des ombres. J'ai été consterné bien des fois par ces idéologues poussant les choses jusqu'à exterminer des populations entières, et même si j'étais consterné par ce besoin d'être le plus fort, j'étais aussi consterné qu'on ne veuille pas en rester là et prendre sa revanche. Au lieu d'être si bouleversé par ce qui était arrivé, et s'en tenir à vérifier que l'on a bien raison de s'en tenir là, on s'applique au contraire à dépasser les autres en les maintenant dans des arrière-cours de vision de l'impérialisme des plus forts. Personne n'échappe à la revanche des victimes parce que tout le monde participe de cette guerre des faibles et des forts, puisqu'en nous nous sommes un.

Mon défaut majeur était d'être fier de mon travail d'intermédiaire entre le vrai et le faux. On ne chante pas pour parler aux gens, mais dans des chansons on parle à beaucoup de gens. On n'est pas plus malin que les autres, mais quand on préfère aimer les autres plutôt que de les haïr, on se trouve à réaliser sa vie. Voilà dans quel état d'esprit j'étais et en définitive, et même s'il m'a fallu mourir pour comprendre réellement où j'en étais de moi-même, j'ai tout de même gagné d'être consentant à aimer les autres sans rien en attendre en retour. C'est aussi bien mort que vivant ? Pas exactement, puisqu'on n'a pas ce bonheur de le vivre dans des situations personnelles. Mais c'est tout de même réjouissant d'en être.

L'histoire de chacun est identique à celle de ceux qui se font remarquer par leurs actes publics. Ils ne sont pas différents, ils sont simplement connus d'un plus grand nombre. Les affects sont les mêmes et les dispositions à faire autre chose que ce qu'ils ont à accomplir sont exactement les mêmes. Pascal Jardin était reconnu pour ses difficultés à vivre les actes de son père. Mais en réalité, une fois qu'on reste disposé à tenir l'autre pour responsable de ce qu'on ne parvient pas à régler, on s'enterre littéralement dans le déni de sa force d'amour qui n'attend rien en retour.

Pascal Jardin

L'intention d'écrire m'est venue lorsque, enfant, je n'avais pas envie de parler aux grands. J'étais très en retard sur les choses, et me trouver sur les mêmes repères qu'eux m'inquiétait lourdement. En grandissant je me suis aperçu que les grands n'étaient pas sûrs d'eux, et cela m'a encouragé à me lancer dans l'écriture des histoires de gens qui n'avaient pas grandi et qui restaient toujours peureux de ce qui pouvait leur arriver. Les histoires de familles d'amitié m'aidaient à rester concentré sur les personnalités de chacun et, en écrivant, j'imaginais d'abord les acteurs qui seraient bien adaptés à ces rôles. Il n'a pas fallu longtemps pour les convaincre, donc j'avais vu juste, et cela était cause d'une autre histoire entre nous. J'avais la passion des caractères des gens qui se voyaient d'une certaine façon quand tout en eux disait autre chose. Les personnes que je recevais dans ma maison de campagne étaient une bande de relations de cinéma, et parfois des amitiés réellement satisfaisantes. L'histoire des gens m'a toujours plu parce qu'on avait toujours de quoi faire un film avec des petits détails insignifiant qui, grossis, devenaient des défauts énormes et gigantesques engendrant des situations grotesques et fantasques, et ainsi de suite.

J'étais consterné parfois par l'attitude des gens, mais jamais désintéressé. Ma popularité venait d'abord de ma capacité à n'avoir pas de conflit avec aucun d'entre eux. J'étais observateur avant tout et non partie prenante de quelque événement que ce soit. L'histoire des gens me donnait de grandes parties de plaisir, parce qu'en les écoutant, j'allais droit au scénario et jamais à la réalité qu'ils étaient en train de vivre. On m'avait donné comme surnom celui d'un mangeur d'hommes désespérés, parce que quand j'écrivais ces histoires, il y avait toujours un petit fond d'impossible amour qui flottait dans l'air. J'étais bien placé pour avoir cette petite note d'intérêt pour le désespoir d'aimer une personne qui ne vous aime pas comme vous rêvez l'amour. J'avais besoin de calme pour écrire, d'où l'intérêt de ma maison de campagne, mais à la campagne je m'ennuyais trop parfois pour rester sans rien faire et je m'étais conçu un petit atelier de menuiserie dont j'étais le seul ouvrier pour façonner des petites choses dont je n'avais jamais l'utilité.

On pouvait venir m'entendre parler tout seul dans mon coin d'atelier, ou m'attendre au salon pour ne rien dire. C'était au choix. Mais comme personne n'était ouvrier dans le groupe, on me laissait tranquille. J'avais décidé d'être discret et jamais je n'ai suivi les allées et venues des gens dans cette maison. La liberté était une chose à laquelle je tenais et personne, sauf l'amour que j'éprouvais pour une femme, ne pouvait me contraindre à quoi que ce soit.

L'ordre des choses était bien ancré dans cette maison et moi j'avais le désordre en amitié. On peut dire qu'inscrire les histoires des gens dans des films différents, même s'ils n'étaient pas en connexion directe dans ma vie, c'était mon désordre à moi. Une phrase dite par celui-ci devenait une réplique pour cette comédienne-là, et un bon mot de femme devenait une insulte chez ce comédien-ci. Parvenir à cela me donnait des frissons, parce qu'en écrivant dans un désordre que j'arrangeais, j'arrivais à ordonner le film comme je voulais. Il m'a fallu bien souvent reprendre des répliques oubliées par ceux qui les avaient dites dans la vie, comme une base pour une histoire qui n'était pas du tout ce qu'ils avaient vécu avec ces répliques. J'étais friand des autres pour cette raison, et non parce qu'en les recevant chez moi je les appréciais particulièrement.

Alors dans cette lecture de ma vie, il m'a bien fallu entendre clairement mes intentions d'être l'homme rassembleur qu'on me disait être. Mais encore une fois, les petits détails d'une existence sont un poids contre soi qu'on n'imagine pas. L'histoire aurait pu être banale : « Un homme s'ennuie chez lui et fait venir quelques personnes pour le distraire, mais ces personnes ne pensant qu'à être distraites se taisent. En tournant l'histoire autrement, il s'aperçoit que les silences invités sont plus bavards qu'une armée de femmes volatiles, et il s'amuse à recopier sur sa machine à écrire d'écrivain solitaire tout ce qu'il a entendu des silences des gens venus le distraire. » On laisse parler les silences et on s'amuse à les remplir de tout ce que les gens ont sûrement dans l'esprit mais qu'ils n'osent pas dire. C'était l'un de mes jeux favoris et j'en ai eu, de ces répliques sonnantes, par ce procédé.

Mais cela n'est pas le tout de la vie. J'avais honte de me comporter comme une sorte d'impasse permanente, mais j'avais hâte d'en finir avec cette vie d'imposteur de l'écriture et fatigué d'avoir des gens qui n'avaient rien à m'offrir qu'une amitié de complaisance pour n'avoir pas à rester tout seuls le week-end. On ne peut pas toujours rester de marbre ? Si. On prend un air d'écrivain venant se retirer pour écrire, et on a alors tous les égards. J'en ai usé si peu, de cet air-là, qu'on ne peut pas m'avoir surpris dans ces attitudes d'inspiré de la dernière écoute des autres.

L'internement dans mon atelier m'aidait à supporter les intrus, qui étaient invités quand ils le voulaient, suivant la formule consacrée, à venir passer le week-end et plus, si malheur intense, dans ma maison de campagne. On pense dire des choses sans importance et certains leur donnent de l'importance, et on se trouve piégé sans aucune façon d'intervenir poliment. J'étais bien entendu consentant dans cette débauche d'arrivées et de départs une fois par semaine, mais j'avais des doutes sur l'utilité d'une telle compagnie sinistrement intéressée par elle-même. Je pourrais en écrire des livres ? J'en ai fait quelques scenarii qu'on a sans aucun doute oubliés derrière ceux de Sautet ou d'autres.

Lorsqu'on est partie prenante en totalité d'un film, on vous retient comme metteur en scène et non pas comme auteur. Rarement on vous demande qui a écrit avec vous le scénario du film dont on vous fait autant de compliments. J'en étais frustré sans le laisser paraître. En réalité, j'étais meurtri que personne ne se soucie de moi qui avais aidé à mettre le film sur pied. Mais à bon entendeur salut, disais-je à chaque fois, mais jamais je n'ai refusé d'être l'initiateur d'une histoire que quelqu'un d'autre allait raconter en images, et me laisser loin derrière comme si je n'avais jamais existé. Du moins, c'est de cette façon que je vivais la chose. Tout le monde demande à qui l'on doit l'histoire, au théâtre, mais au cinéma on semble toujours la devoir au metteur en scène. Une seule, fois cela me fut reproché d'avoir loupé mon idée, et c'était parce que le metteur en scène, qui avait fait des erreurs, m'avait renvoyé l'ascenseur. On croit rêver, mais c'est bien la réalité : une facilité à ne pas engager la conversation avec l'échec mais avec le succès. J'étais dans l'instant plus désolé qu'eux, mais toujours triste d'être aussi peu partisan d'une amitié sans contrepartie.

J'avais des envies de paraître plus responsable des dialogues qu'on m'avait demandé d'écrire, mais jamais personne ne m'a encouragé à l'être. Il fallait bien regarder où l'on mettait les pieds sur un plateau de cinéma, pour ne pas pousser les autres à vous expulser, et j'étais toujours directement dépossédé des histoires que j'avais aidé à raconter, parce que je n'insistais pas quand on ne m'invitait pas à suivre le tournage de bout en bout et rester après pour voir tous les rushes, et ensuite aller dîner ensemble en pensant que nous avions eu une journée plutôt intéressante pour chacun dans sa partie. On se frustre soi-même, et l'on va accuser les autres de n'avoir pas tendu la main qu'on n'a pas demandé à prendre.

C'est exactement ce qu'on voit de moi, quand on me regarde avancer des chevaux de bois dans la direction d'une personne et s'étonner qu'elle s'en saisisse, et chevauche son cheval de bois sans même savoir d'où il vient. L'opportunité est ce que les gens saisissent et ils n'ont donc pas à restituer ce que l'opportunité leur a apporté. Moi, j'attendais qu'on me dise qu'on avait été charmé d'être avec mes dialogues et mes façons de voir les histoires d'hommes et de femmes perdus dans l'incertitude d'être aimés pour ce qu'ils pouvaient eux-mêmes donner d'amour à l'autre.

L'auteur est bien celui qui écrit, mais l'auteur du film est bien celui qui tourne les images. J'étais incapable de saisir cela d'emblée et j'ai passé mon temps à souffrir d'ingratitude quand on n'avait rien fait contre moi, puisqu'en dernier ressort un film reste l'œuvre de celui qui a tourné les images et les a organisées de telle façon qu'elles forment un ensemble cohérent que l'on appelle un film. Une personne prend le pouvoir sur soi un jour, et on pense que tout le monde veut prendre le pouvoir sur soi dans des occasions différentes. J'étais persuadé de cette anomalie dans ma vie, et j'en souffrais horriblement, parce que enfant mon père m'avait tant impressionné qu'il m'avait paru immense alors qu'il n'est pas plus grand que trois pommes couchées sur le dos de la main. Lorsque j'étais enfant, il m'interdisait de regarder les gens en face parce que cela ne se faisait pas d'interroger les gens qui passaient dans sa maison, et on n'avait pas le droit de dire qu'ils étaient venus. C'était la guerre, il se passait des choses, là, que plus tard j'ai trouvées incorrectes.

On meurt dix fois dans l'enfance quand le père, censé représenter la sécurité, vous donne l'impression d'être un faux-jeton. Je me suis replié dans la vie ordinaire, puis un jour j'ai tout de même publié un livre sur mon père, en oubliant d'être trop sévère parce qu'il était encore vivant. Mais de toute façon, puisqu'on demeure vivant et conscient de ce qu'on a fait, j'étais idiot de le ménager et d'être malheureux de l'avoir fait, et d'être complice en quelque sorte des messes basses qu'il émettait dans la maison. J'étais bien évidemment sérieux lorsque, en écrivant *Le Nain jaune*, j'évoquais les terreurs que me provoquait sa présence. J'étais sérieux mais succinct, et cela a donné des contradictions énormes dans la vie de mes enfants, qu'il m'était donné d'instruire d'une sorte d'envie de vivre dans l'amour des autres, au moins de nos proches.

Il m'a fallu mourir et être évidemment là où je suis maintenant, pour comprendre que j'avais en moi la douleur de vivre dans l'ombre d'un tel père. Et pour ensuite inculquer sans le vouloir à ma descendance des idées noires à broyer et à avaler par petites gorgées qui ont, malgré tout, du mal à passer. L'ombre de mon père n'était pas seule en cause, il y avait les peurs déjà inscrites dans mes existences de n'être pas à la hauteur des événements qu'il me faudrait subir pour comprendre ce qu'on a à faire réellement de sa vie. Tout le monde a quelque chose à faire de sa vie, mais croit qu'il suffit d'une partie de cartes avec les copains avec le meilleur jeu possible.

L'homme que j'étais était très discret sur ses chagrins, même s'ils perçaient par tous ses pores. J'étais chagriné d'avoir un père qui mentait effrontément à son fils pour qu'il n'aille pas chercher ce qui dérangeait sa mémoire.

J'étais au courant des affaires de mon père et je ne me sentais pas le courage d'en parler aux autres, et cela m'a rongé toute ma vie. L'histoire édulcorée que j'ai racontée ne me satisfaisait pas et j'étais étrangement sensible à l'amour que je lui portais malgré tout ce qu'il avait fait. Maintenant, je conçois que j'avais raison de l'aimer pour ce qu'il représentait d'amour pour moi, qui n'avais rien d'autre que des amitiés légères dans mon existence. Mon père représentait l'homme qui avait osé flancher et se mettre du côté des pires résolutions de guerre, et je n'avais pourtant pas de haine contre lui. Certes, il m'avait gâché mon existence du fait de cette prison que je sentais planer au-dessus de moi et qui représentait toutes mes tentatives pour n'être pas séduit par le personnage. J'étais hardiment fier d'être son fils, parce que même dans sa traîtrise vis-à-vis de moi, il représentait quand même l'homme qui m'avait accompagné durant mon enfance et qui n'était jamais libre de ses mouvements à cause de ce qu'il tramait dans l'ombre.

Mon contact avec lui n'était qu'en fonction des résultats scolaires, et les miens laissaient à désirer. J'entendais des gens dire des choses graves à son sujet, mais je n'avais pas compris dès l'enfance ce que cela voulait dire. En allant faire des recherches dans les archives municipales de mon village natal, j'ai eu des comptes rendus moins clairs encore que ce que j'avais entendu, et une vague d'angoisse a commencé à me serrer la poitrine, m'empêchant de parler aux autres de mon père.

Un jour de honte extrême, je me suis mis à me reprocher de l'aimer tout de même, et j'ai ressenti comme une douleur étrange au creux de mon estomac et puis dans le cœur de mon cœur et puis tout est resté là durant des décennies. On n'est pas averti des liens qu'on a avec l'amour-même-Dieu, sinon on Lui demanderait conseil sur ce que l'on a de plus grand à faire de nos existences.

On n'a pas idée de ce qu'on cherche quand on vient naître au milieu d'une famille, ce qui n'est jamais le fait d'un hasard, mais d'une démarche personnelle que l'on veut assumer justement dans cet environnement. On ne vient pas sans information, mais encore faut-il le savoir. J'étais loin de m'imaginer que la famille dont je faisais partie était une épreuve pour vérifier qu'aimer mon père sans le juger me permettait d'instaurer une conscience d'aimer ; et donc de répondre à l'idée divine inscrite en moi qui aimais chacun des individus de la Terre sans condition, et sans rien en attendre en retour. J'avais fait des pieds et des mains pour n'avoir pas à le respecter, ni donc à l'aimer comme un fils devrait avoir une certaine affection pour son père, et voilà qu'il était la raison même de mon existence sur terre.

Il n'y avait rien de plus étonnant, et pourtant, en regardant les choses exactement comme elles sont inscrites en moi, je ne peux pas être en désaccord avec ce que j'avais émis en venant au monde et qu'en définitive je n'ai pas suivi. On ne revient pas sur ce qu'il n'y a pas à faire, on revient toujours sur ce qu'il y a à faire et qu'on n'a pas fait. J'aurais eu du mal à retrouver l'énigme que je m'étais donné à résoudre, si je n'avais pas écouté les aides qui m'instruisaient de ce que je cherchais à faire. Tout le monde est dans l'erreur à plus ou moins grande échelle. Mais jamais on n'entend cela quand on se permet de juger les actes des autres. Il n'y a pas de braves gens sans l'erreur d'être en train de se croire plus brave qu'un autre dont on ne sait rien. Il m'aurait fallu seulement laisser parler mon cœur et laisser les autres parler des actes de mon père. J'étais assez grand pour me défendre d'être seulement son fils, et non pas l'instigateur de ce qu'il avait fait.

Les ombres jugent ce qui est à faire ou ne pas faire. En Dieu, l'amour accueille et explique et expose, et aide à comprendre ce qui mène les humains dans une telle dépendance à l'ombre.

Jamais on ne se dit que l'amour ne peut être qu'heureux. On pense qu'il y a des amours heureux ou malheureux. On pense qu'en aimant plus ou moins bien – ou plus ou moins mal –, on est tout de même dans l'amour. En aimant avec un qualificatif ou avec des preuves, on reste dans l'attirance et non pas dans l'amour qui ne peut être qu'éternel.

Simone Signoret

Lorsqu'en moi j'ai entendu la parole d'aimer, j'ai fait un bond de joie sans précédent, parce qu'on ne m'avait jamais informée que l'on pouvait personnellement s'entendre appeler par son nom de l'intérieur de soi. Le nom de quelqu'un est ce qu'il chérit parce que c'est le signe de reconnaissance parmi les autres. Aussi, entendre son nom appelé comme si l'on vous connaissait d'emblée, c'est plus qu'impressionnant, c'est sans aucune autre comparaison possible parce que c'est une chose tout à fait personnelle. J'avais cru comme on me l'avait dit qu'on était des pécheurs invétérés, et qu'il nous fallait faire acte d'obéissance permanent à l'amour pour Dieu, et cela aurait une chance, car c'était au conditionnel, de nous aider à retrouver Dieu dans les cieux. J'étais déjà très sceptique sur la nécessité d'être obéissante à quelqu'un que je ne connaissais pas, mais de m'entendre dire qu'il me fallait toujours l'être, c'était au-dessus de mes forces. Bien qu'en y regardant en Dieu, j'entends qu'on n'est jamais totalement contre, au cas où. Dans ma première conscience d'être humain, si je peux me laisser parler ainsi, j'osais mettre une sorte de limite à cette notion d'obéissance, pour m'aider moi-même à voir clair sur ce qu'on appelait obéissance à Dieu. Les gens de religion se battaient pour avoir le dernier mot, et ils nous demandaient d'être des moutons qui devaient leur obéir parce qu'ils représentaient la parole de Dieu. Mais alors, qui étaient les pécheurs, en tuant ceux qui ne leur obéissaient pas en tant que personnes se disant représenter Dieu ? Fallait-il se mettre dans les pattes de gens qui étaient prêts à tuer pour que l'on soit des moutons leur obéissant ?

J'étais bien concentrée sur ces choses, contrairement à ce qu'on aurait pu croire de la Signoret poivrote de première qui cachait ses bouteilles pour qu'on la laisse boire en paix. Mais revenons à mon raisonnement.

J'étais directement prise de poussées d'angoisse lorsqu'on me parlait de mort. Mon enfance avait été marquée par les bombes et je n'avais pas envie d'être au milieu de conflits armés et d'ingérence dans la vie des Français qui feraient qu'ils devraient aller se défendre arme au poing, pour sauver les femmes et les enfants de leur pays. On n'est pas peureux, mais on n'aime pas la peur. Et avoir peur, c'est n'être plus soi-même, mais quelqu'un qui va d'angoisse en angoisse sans pouvoir s'offrir le silence intérieur. J'étais peureuse des conflits, et malgré tout je suis allée dans des pays bizarres pour faire l'être humain qui voulait voir partager les choses entre tous. Mais partager les choses entre tous et obliger les gens à devoir se mettre dans des cages à lapin pour dire qu'ils sont obéissants à ce désir de partage entre tous, c'est exagérer l'intention de partager. Ce que d'ailleurs ceux du haut ne faisaient pas et laissaient les petites gens, comme on le sait toujours, se battre pour une pincée de sel et un morceau de pain sec qu'on ne peut même pas tremper dans l'eau de la pluie qui est réservée aux politiquement corrects.

J'étais de ces gens qui n'avaient rien compris de la politique soviétique, qui se voulaient des défenseurs de ceux qui n'avaient rien pour s'abriter décemment et se nourrir. J'étais dans les rangs des camarades, moi qui avais connu des espaces luxueux pour me servir d'endroits d'amour de la vie, et qui avais des envies de faire l'importante sans quoi elle n'avait rien à dire de ce qu'elle faisait d'elle-même. Il n'y a pas de Simone Signoret dans les annales des cahiers des politiques en Union soviétique, et je me suis laissé prendre par des apparences et non par des faits précis que j'aurais pu commenter au mieux, ou défendre au pire des cas, puisque jamais on ne vous dit tout. Toujours est-il que j'ai rêvé d'être une femme de poids, et cela m'avait donné l'occasion d'être de pacotille. Et j'en ai refait des idées de femme intéressante ayant une vision sur sa détresse d'être malmenée par un homme qui lui avait juré fidélité et qui, dès la première occasion de femme en vue, se prenait d'amour pour elle. C'était triste à mourir, de vivre dans ces conditions d'angoisse d'être mise de côté, quand on a de l'amour pour cette personne. À combien remonte notre dernière discussion ? disais-je de temps à autre. Et il n'y avait jamais de réponse, parce qu'elles étaient devenues de plus en plus rares, jusqu'à n'exister plus du tout. On croit qu'on va s'en sortir et on se dit qu'en travaillant dur on se remplira un peu le cœur des sentiments des personnages de films, et qu'en en sortant on sera riche de ces nouveaux sentiments-là, qui ne peuvent pas être bien éloignés de ce qu'on connaît déjà. Et on se retourne sur soi et on se voit pleurer comme le personnage qui, lui, s'en fout parce qu'il n'est pas de chair et d'os et de sang.

J'en avais vu défiler, des petites femmes amies avec le couple, mais en regardant dans l'amour, j'entends qu'en portant si haut l'autre, je ne pouvais pas interdire aux autres de le trouver aussi bien que je semblais le dire. Mais il aurait fallu que j'estime ma vie suffisamment pleine sans lui, pour n'avoir pas de regard sur ce qu'il faisait de la sienne. J'avais tort d'être aussi amoureuse de l'homme que j'aimais ? Non. J'avais tort de me sentir délaissée parce qu'il faisait ce qu'il voulait derrière mon dos, mais que quelqu'un venait toujours m'instruire de ce qu'il avait fait derrière mon dos. On n'a pas d'amis pour rien, non ?

L'heure d'écrire m'est venue lorsqu'en voyant mes chances s'amenuiser je devais réagir à ma façon, et je me savais douée d'une plume légèrement caustique. Et cela me permettait d'écraser l'autre qui était inculte de bout en bout. Signoret était la patronne au moins sur ce point de l'intellect. Il n'y avait pas de quoi tirer une femme de son lit, mais il y avait de quoi se sentir incapable d'avoir cette verve et d'en faire tout un gros livre qui serait édité là. C'était enfantin, et même pas d'ailleurs, parce qu'on n'est jamais enfant, mais personne en devenir grand, parce qu'il faut bien passer par des petites cellules rassemblées en individu pour arriver jusqu'à se tenir debout tout seul, et avancer ses pions jusqu'à trouver la sortie qu'on n'a pas prévue être aussi magnifiquement inconnue des vivants. J'étais bien entendu idiote d'avoir de ces comportements de femme trompée et malheureuse de l'être, mais quand on ne sait rien à rien de ce qu'est réellement la vie, on a des comportements imbéciles qui n'aident pas à faire sa vie en toute quiétude.

Les gens de cinéma ne sont pas différents des gens de la rue, car ils n'ont pas de mode d'emploi plus élaboré que les autres. Ils sont même plus naïfs souvent, parce qu'ils vivent dans les cocons de soie blanche que sont les appréciations des gens qui viennent les voir et en sont contents. Une fois qu'on est reconnu comme artiste du paysage français, on pense que des millions de gens sont contents de ce qu'on leur montre à l'écran.

Mais cela n'est qu'une infime partie de ce qu'on vit au quotidien des jours où l'on espère retrouver une histoire à raconter qu'un metteur en scène voudra justement tourner, avec un producteur qui n'attendait que ça. On regarde dans la vie des artistes de cinéma, et on voit plus de temps d'attente que de jours de tournage. Tant s'en faut. J'étais, à une certaine époque, l'une des comédienne les plus appréciées des Français, et donc des producteurs. Mais personne n'a su à quel point je devais lutter pour rester malgré moi une femme qui en avait, des choses à dire, en dehors du fait d'être bonne actrice. J'avais demandé à Montand de me suivre, puisqu'il était de ceux qui pouvaient représenter les ouvriers, d'autant qu'il en était un à la base. J'avais fait cela sciemment pour montrer qu'en l'épousant je n'avais pas regardé son curriculum vitae, et qu'il me servait ainsi d'homme de tout un peuple, et donc d'une certaine vision de la vie ouvrière. On ne se rend pas compte à quel point on est veule. Il m'a fallu mourir pour comprendre le fond de mes agissements, et s'il fallait dire cela pour qu'on me comprenne, j'ose le dire parce que c'est trop intentionnellement calculé pour être noble, et vraiment une histoire que l'on pourrait dire d'amour fou pour quelqu'un qui vous trompe effrontément.

J'ài fait cette chose-là, d'aller fouiller dans la vie de Montand pour voir par où il en était passé pour arriver là où je l'ai rencontré, et donc quelles étaient ses compromissions. Il n'en était rien du tout, il avait eu simplement la chance d'être au bon endroit pour rencontrer des gens qui l'on aidé, et voilà tout. Alors, j'ai fait le tour des possibilités de l'engager à ma cause d'amante follement amoureuse, et avec délicatesse je lui ai transmis le virus de la responsabilité de citoyen de la liberté du peuple, qui doit pouvoir compter sur les gouvernements pour les aider à se nourrir. Je n'étais pas plus communiste que faute de mieux gauchiste, j'étais amoureuse d'un homme qui ne me laissait jamais être tranquille quand il n'était pas avec moi. Les choses ont tourné à mon avantage durant une dizaine d'années, puis la lassitude a pris le dessus. Montand n'était plus aussi sûr de ce qu'il faisait là à côté de sa femme qui n'avait pas prévu qu'elle ne pourrait pas faire semblant aussi longtemps, et que malgré son talent de comédienne, la vérité n'entend pas se faire battre par les comédiennes. Tout s'est arrêté par petits bonds de moins en moins longs, et voilà qu'on m'apprend qu'il y a plus sérieux derrière moi, et que je ferais mieux d'être soûle pour ne pas entendre ça à longueur de secondes interminables et dévastatrices.

Pour parler de péché, il faut en connaître les causes. Or dans la Bible on nous donne comme seule cause de nos malheurs et de notre tendance à déserter les religions le fait qu'il y a un péché originel, instruit en premier lieu par la femme. Pourquoi dit-on que c'est la femme qui est cause du malheur des hommes, quand ce sont eux qui font des guerres et qui se pressent pour avoir les pouvoirs leur permettant d'étrangler la femme d'interdictions de vivre librement, comme ils se le permettent tout le temps et partout dans le monde ? Il m'avait paru intéressant d'être une femme de pouvoir, pour voir s'il m'était possible de faire en sorte qu'un homme reste à mon côté par nécessité d'être protégé par mon pouvoir. J'avais reconnu cela en moi, bien qu'il me fût impossible de décoder pourquoi je me mettais dans cette problématique. Un jour, j'étais la femme impérieuse, un autre la femme malade de jalousie d'être supplantée par plus habile que moi à tenir Montand quelques mois dans son lit. Il m'a fallu ronger mon frein sans cesse et ne jamais céder, jusqu'à être si soûle d'horreur de soi qu'un jour le fil a cassé. Et je me suis retrouvée vivante, dans un espace de conscience de moi que j'étais incapable d'évaluer comme la mort d'une personne du nom de Simone Signoret. Il n'y a aucune indication sur la mort. Nulle part, dans le monde, des gens ne montrent la voie de la religion. J'étais tant étonnée et tant indisposée à rester là qu'il m'a fallu y rester pourtant, car que faire et où pouvoir me faire entendre, puisqu'en dernière analyse personne n'était moins sûr d'être mort que moi ?

On n'a pas les idées claires, assurément. On se trouve dans la conscience de pouvoir parler et penser, mais pas forcément de ce qu'on fait là à être dans une conscience de soi, sans notre corps que d'autres voient allongé sur un lit. Ils disent elle est morte et on n'a pas pu lui dire au revoir, ou adieu. Et ainsi de suite des liens qui s'effacent et des liens que l'on retrouve, et d'autres qui se nouent en un millième de seconde. Tout cela est dans l'ordre des choses, qu'on n'a pas évaluées comme faisant partie d'autres existences entremêlées et qui se répondent ainsi tant qu'on n'a pas trouvé la réponse à l'existence.

J'étais comme dans la manivelle d'une roue qui n'arrêtait pas de m'enterrer, dans des univers qui n'étaient pas hors de moi, mais dont je n'avais pas les causes. J'avais des envies de vivre autrement, mais je ne savais comment, jusqu'à ce que, entendant clairement des gens garder le goût du bonheur de vivre là où ils étaient comme moi, j'aie écouté et écouté et écouté. Et j'ai demandé : mais qui dit ces choses-là ? Et doucement la voix m'apparut de l'intérieur, mais véritablement face à moi. C'était ainsi que je pouvais le comprendre à cet instant-là. Il y a eu échange de propos sur la vérité inscrite en soi, et tout est devenu sans lien avec l'histoire des religions qui parlaient des feux de l'enfer ou d'un paradis. C'était comme se réveiller de l'ignorance de ce qu'était la mort.

Tout ce qu'on m'avait enseigné n'était qu'une improvisation d'humains ignorant leur vérité intérieure.

L'histoire ressemble à une grande fresque parcourant des millénaires, et apportant enfin une réponse vérifiable. On trouve des énigmes partout, et on n'a pas envie de les défaire. Mais ne pas défaire les énigmes, c'est valoriser l'ombre de n'aimer pas l'humanité en l'amour-même qui demeure en soi. Et dans l'intention d'être ouvert à tous et toutes, on vérifie l'amour-même-Dieu. Et vérifier l'amour-même-Dieu, c'est ouvrir son cœur à tous en soi. Il n'y a pas d'amour divin en dehors de l'humanité, composée des hommes et des femmes de cette terre. Mourir n'est pas si simple, il y a fort heureusement ceux qui perpétuent l'alliance divine en eux, et qui peuvent aider à se calmer dans un premier temps, et ensuite guider les âmes en cet amour en soi, si elles s'accordent à considérer qu'elles ont à retrouver le chemin d'aimer.

J'ai fait ce choix, parce qu'en entendant des gens se sentir heureux de vivre cet amour inconditionnel, j'étais intriguée et facilement conquise, tant l'envie des autres était de ne rien obliger mais d'accompagner. On trouve difficile d'aimer parce qu'on attend un retour. Sans le retour attendu, c'est la liberté d'oser accorder sa vie à ce qui aime en soi, et être ainsi libre d'aller son chemin en ce qui aime en soi. Tout compte fait, l'époque n'est pas si dénuée d'intérêt qu'on ne le dit.

Conclusion

L'histoire des hommes et des femmes de cette terre ressemble à l'histoire d'une enfance malheureuse où l'amour ne serait pas au rendez-vous. Or l'amour est déjà là, mais les enfants, malheureusement, n'ont pas identifié cet amour en eux-mêmes.

Il n'y a pas d'hommes et pas de femmes qui soient dépossédés d'amour qui aide à aimer les uns et les autres. Il y a des hommes et des femmes qui l'ont oublié au fond d'eux-mêmes.

S'entendre demander quel est le sens de la vie nous mène à penser que nous sommes des personnes responsables. Mais dire qu'il y a un sens et n'imaginer pas qu'il y a un but, c'est seulement philosopher sur l'existence. Quand on philosophe, on ne cherche pas à vérifier les choses, mais à s'en faire une idée. La vie a sa réalité et elle n'est pas philosophie, mais vérification de l'éternité d'aimer présente en soi.

L'idée d'apporter une réponse par transcendance n'est pas dans l'idée divine. La transcendance n'est pas une réponse à la vie ordinaire. Il n'y a pas de temple ou d'église ou autres lieux de prière qui pourraient accueillir l'amour-même-Dieu, car notre valeur amour-même demeure toujours en nous-mêmes. C'est le lieu d'aimer l'humanité sans attendre en retour. Avoir la foi et ne pas vérifier la présence de l'amour-même-Dieu en nous-mêmes est seulement vouloir croire à une idée que l'on se fait de Dieu. L'amour-même-

Dieu se manifeste facilement et ne demande aucun sacrifice pour s'ouvrir en l'homme. Il est en pleine lumière de notre vie ordinaire quand nous décidons d'oser aimer sans attendre en retour.

La religion serait une réponse, si elle aidait les autres à se regrouper pour s'encourager à n'oublier pas d'être déjà aimés de l'amour-même-Dieu, et de se laisser guider totalement par l'amour qui aime sans attendre en retour pour vivre son quotidien. Mais plus souvent elle reste dans la dévotion a Dieu, et non à l'amour inconditionnel pour toute l'humanité. Elle ouvre des petites portes sur l'idée d'aimer son prochain, mais n'entend pas qu'en soi Dieu aide chacun à aimer tous les autres sans condition préalable. Les portes se referment vite lorsqu'il s'agit d'accepter que chacun ait sa propre opinion sur la façon dont il entend vivre, et tombent les interdits qui éloignent de l'amour-même-Dieu.

Les décisions de chacun se feront une à une, et personne ne viendra pour décider à la place de l'autre. Il ne m'est pas donné autre chose que l'aide à se ressouvenir d'avoir à aimer l'humanité, le fin mot de l'histoire de chacun lui appartient. Ainsi, même si tous ceux qui sont venus témoigner l'ont fait d'avoir écouté mon parcours sur terre, je n'ai pas signé l'acte d'alliance à leur place. Se sauver est se décider à s'accompagner de l'amour-même qui est en soi pour aimer les autres.

Il y a bien une fin de cycle de renaissance des humains, mais elle n'est pas dans une explosion de toutes les âmes en même temps. Les humains font les choses dans le désir de progression, et la progression, c'est la lenteur d'une prise de décision. L'indication de résurrection est le moment où l'on décide de rallier l'amour-même-Dieu qui aime l'humanité de son amour sans condition.

On renaît parce qu'on ne s'est pas réalisé. Cela signifie que nous tous qui sommes sur terre sommes au même point.

Il n'y a rien à attendre en retour de cette décision d'aimer les autres, mais cette décision d'aimer l'humanité apporte la connaissance des autres et des choses de l'existence terrestre.

Écrire, peindre, sculpter, chanter en s'accompagnant au piano, entendre la voix des autres chanteurs et chanteuses compléter la mienne, le temps n'existe pas en l'amour-même-Dieu ; et des musiciens de toute époque m'ouvrent leur musique. Sentir la puissance de la force en action dans l'art du mouvement des ondes dans le corps, voilà des exemples de ce que j'ai hérité d'accompagner l'amour-même-Dieu. Il m'est dit que je n'ai pas besoin d'apprendre, puisque tous les autres m'ouvraient à la connaissance des choses.

L'osmose avec Jacques Brel en l'amour-même est ce que je n'aurais jamais imaginé. Nous ne sommes pas à l'écoute de l'autre de temps à autre, nous vivons chaque seconde ensemble. Notre parcours est identique, et rien n'est en lui qui ne serait pas en moi, rien n'est en moi qui ne serait pas en lui. Nos paroles sont en l'amour-même qui nous guide, pour aider les autres sans attendre en retour.

Table des matières

Aimer sans attendre en retour

Composition PCA

Achevé d'imrpimer en Espagne
Dépôt légal : mars 2016
ISBN : 978-2-7499-2904-0
LAF : 2190